SABEDORIA ANTIGA E VISÃO MODERNA

SHIRLEY NICHOLSON

SABEDORIA ANTIGA E VISÃO MODERNA

Tradução
Adolpho José da Silva

Revisão Técnica
Pedro R. M. Oliveira

Título do original em inglês
ANCIENT WINSDOM – MODERN INSIGHT

Primeira edição, 1985
The Theosophical Publishing House
306 West Geneva Road, Wheaton, Illinois 60189

Edição em Português
1991. Editora Teosófica

Capa: Fernando Lopes
Diagramação/Composição: Raimunda Dias

EDITORA TEOSÓFICA, Sociedade Civil
SGAS – Quadra 603 – Módulo 20
70200 – Brasília-DF
Tel.: (061) 226-0662
Fax: (061) 226-3703

A F.L.K. que nos ensinou com base na
experiência, apontando para a
teosofia que integra as
principais correntes do
pensamento moderno e antigo.

SOBRE A AUTORA

Shirley Nicholson é Editora-Senior, responsável pelos Quest Books na *Theosophical Publishing House*. Estudante de teosofia durante toda a sua vida, ela realizou palestras e aulas sobre os seus diferentes aspectos durante muitos anos. Foi aluna de F. L. Kunz, fundador da *Foundation for Integrative Education,* tendo atuado como pesquisadora para a publicação *Main Currents in Modern Thought,* a revista da Fundação. Ex-professora e conselheira, a Sra. Nicholson é graduada pela Universidade da Califórnia, em Los Angeles, e realizou trabalhos avançados na área de educação.

PREFÁCIO A EDIÇÃO BRASILEIRA

Aldous Huxley, em sua obra *A Filosofia Perene*, faz uma afirmação que é de importância fundamental:

> *Philosophia Perennis* – a expressão foi cunhada por Leibniz; mas a coisa – a metafísica que reconhece uma Realidade divina substancial ao mundo das coisas, vidas e mentes; a psicologia que encontra na alma algo similar, ou até mesmo idêntico, à Realidade divina; a ética que situa o objetivo final do homem no conhecimento da Base imanente e transcendente de todo o ser – a coisa é imemorial e universal.

Esta Filosofia Perene é também referida variadamente como Filosofia Esotérica, Tradição-Sabedoria, Sabedoria Antiga e, modernamente, como Teosofia. Mas seja qual for a denominação usada é necessário salientar dois aspectos já mencionados na citação da obra de Huxley: trata-se de uma sabedoria universal, não limitada a uma cultura ou tradição, que foi caracterizada por Madame Blavatsky como "a herança espiritual da Humanidade". Além disso, ela integra, de forma profunda e consistente, uma metafísica, uma psicologia e uma ética, que na verdade constituem uma nova visão do homem, do universo e do íntimo inter-relacionamento entre ambos.

Dentre as várias exposições da Sabedoria Antiga uma se destaca por sua abrangência e grande profundidade: é *A Doutrina Secreta*, escrita por Madame Blavatsky e publicada pela primeira vez em 1888, numa época em que a visão de mundo vigente era fortemente marcada pelo materialismo científico. A obra de Blavatsky auxiliou a mente ocidental a redescobrir o valor das grandes tradições filosófico-religiosas da antigüidade, como também a ver com outros olhos a riqueza e profundidade do pensamento oriental.

Passados mais de cem anos da publicação de *A Doutrina Secreta* fazia-se necessário um livro que reapresentasse os principais ensinamentos nela contidos à luz dos avanços da ciência contemporânea. E isto se deu com a publicação do presente livro, que agora é colocado à disposição dos leitores em língua portuguesa. A autora, Shirley Nicholson, consegue mostrar através de sua obra que o progresso da ciência neste século apresenta vários pontos de contato com a obra de Blavatsky, rompendo em definitivo com a visão mecanicista da vida e do mundo, para dar lugar a uma concepção marcada pela verdade do inter-relacionamento entre todas as coisas e pela existência de um "universo participatório". Na verdade, a autora possibilita um diálogo inédito entre o pensamento de Blavatsky e os mais avançados pensadores de nosso tempo, tais como David Bohm, Fritjof Capra, Ken Wilber, Rupert Sheldrake, Ilya Prigogine, entre outros.

Mas o mérito do presente livro não se esgota aí. A autora consegue evidenciar que o estudo profundo dos princípios da Sabedoria Antiga "não necessita ser árido ou apenas intelectual", salientando que a reflexão e a meditação sobre essas "idéias eternas" pode nos inspirar, nos levar a uma nova visão da realidade e, portanto, de nós mesmos, contribuindo para uma transformação de nossa mente, de nosso pensamento e de nossa ação. Nas palavras da própria autora "o genuíno estudante continua crescendo em compreensão, em sensibilidade, em compaixão, e em capacidade e habilidade para ser útil ao mundo".

Tudo isto é suficiente para mostrar a relevância do presente livro a todos aqueles que aspiram a uma visão mais profunda da existência, a compreenderem melhor a natureza do seu papel no grande fenômeno da vida.

Editora Teosófica

SUMÁRIO

Prólogo, E. Lester Smith, 11
Prefácio, 17
Introdução: A Tradição Viva, 21

I O Uno Multifacetado
- 1 A Visão Curativa de Mundo, 35
- 2 Interconexões, 46
- 3 Holismo e Hierarquia, 59
- 4 A Fonte Transcendente, 68
- 5 A Divindade do Espaço, 82
- 6 A Pulsação Rítmica do Cosmos, 92
- 7 Tempo e Atemporalidade, 100

II O Uno em Expansão
- 8 Os Dois em Um, 117
- 9 Ritmo e Ciclos, 135
- 10 Mente Divina, 151
- 11 Ilusão Sétupla, 168
- 12 Desenvolvimento Progressivo, 183
- 13 *Karma*, 201

III A Natureza Humana e sua Jornada
- 14 O Eu e as Suas Esferas, 213
- 15 Autotransformação, 229
- 16 O Homem – Microcosmo, 244

Notas, 249

Prólogo

Através dos séculos, os mitos e as lendas deram origem a insinuações sobre um grande mistério. Este mistério envolve a existência de uma Sabedoria Antiga, difícil de encontrar, porém oferecendo grande recompensa aos que a buscam com seriedade. Em tempos modernos, a situação é parecida, exceto que as insinuações ampliaram-se, dando lugar a um elenco de livros sobre a Sabedoria Antiga e guias para a sua busca. Mas para a maioria das pessoas, ela ainda permanece secreta.

Para descobrir a razão disso, podemos analisar o livro de um pesquisador moderno, Geoffrey Ashe. O seu livro é intitulado *The Ancient Wisdom: A Quest for the Source of Mystic Knowledge* (A Sabedoria Antiga: Em Busca da Fonte do Conhecimento Místico). Como Ashe é uma pessoa cética, lógica e prosaica, a sua busca teve início, questionando até mesmo a existência de uma Sabedoria Antiga. Ele procurou evidência nos mitos e livros. Descarta, em grande parte, a obra *A Doutrina Secreta*, de Helena Petrovna Blavatsky, porque ela representaria, em suas palavras, "um livro muito extenso, informe, amadorístico, freqüentemente obscuro", muito embora "possua aspectos que inspiram respeito." Em aproximadamente 150 páginas, Ashe consegue convencer-se, a si próprio, de que realmente há algo a ser descoberto. Analisa o significado do número sete nos mitos e nas escrituras e localiza a fonte deste "sete mágico" na mítica Shamballa, em algum ponto da Ásia Central. Até mesmo reporta-se a dois incidentes com OVNIs para apoiar a sua conclusão, apresentando uma teoria não aceita com relação a uma das ocorrências. Não obstante, ele não fornece uma indicação segura da *natureza* da Sabedoria Antiga. Assim, apesar de uma investigação longa e erudita, Ashe jamais encontrou aquilo que estava procurando, nem a sua origem, mas apenas conseguiu determinar a sua realidade e localização geográfica original.

A Sabedoria Antiga jamais será descoberta por qualquer abordagem que siga os ditames da lógica. Sempre terá de permanecer secreta para as pessoas inflexíveis e de senso prático que enaltecem a mente racional como a suprema realização da evolução humana. Ela pode apenas ser apreendida por aqueles que são capazes de transcender emoções pessoais e processos de pensamento, por aqueles que são privilegiados pela intuição e experiência mística. Nas palavras da autora do presente livro: "... a busca da sabedoria mais profunda terá de ser acompanhada por uma vida íntegra e ética. Esta forma de compreensão não pode ser apenas conquistada em nível intelectual. Terá de envolver a pessoa integralmente, em todos os níveis do seu ser."

Pode-se afirmar, com algum grau de verdade, que a Sabedoria Antiga foi revelada nas Escolas de Mistérios da antigüidade. Mas o que foi ensinado, na realidade, foram apenas as maneiras para o auto-preparo individual para receber esta graça, através da auto-purificação, controle da mente e das emoções e da meditação. Tal orientação pessoal provavelmente tem estado disponível em todas as idades nas sociedades secretas, até mesmo durante a Idade Média. Durante este século, orientação pessoal foi oferecida a membros da Sociedade Teosófica e, mais recentemente, através de muitas outras instituições. Atualmente existe orientação livremente disponível através de livros sobre *Yoga* para aqueles que estão preparados a trabalhar sozinhos.

Exotericamente, a Sabedoria Antiga é um conjunto de conhecimentos arcanos que pode agora ser estudado por qualquer pessoa interessada. A fonte principal são os volumes, bastante extensos, da obra *A Doutrina Secreta*, de H. P. Blavatsky, porém, relatos mais simples vêm sendo publicados, culminando no presente livro. Esotericamente, contudo, a Sabedoria Antiga constitui a *Fonte* de todos estes conhecimentos, disponíveis apenas para quem possa transcender os níveis normais de consciência e despertar para um novo estado de ser no qual o conhecimento é obtido por identificação com a realidade. Este estado é o *Samadhi*, ou Consciência Cósmica, ou, ainda, a experiência mística. Nas palavras da autora: "Na medida em que aquietamos o fluxo do tempo, vislumbramos nossas raízes no seio do Uno atemporal." Assim, penetramos em um estado monístico de união com o Uno em contraste com o tradicional processo dualístico de apreensão de conhecimento, considerado como algo exterior à pessoa. A Sabedoria Secreta não é mantida em segredo por mero capricho, ou por temor do uso inadequado. Permanece secreta apenas por ser totalmente inacessível àqueles que não se prepararam para recebê-la. Além disso, quando aquele que a busca estiver *preparado*, um instrutor não mais será necessário. A Sabedoria surgirá por si mesma em seu ser interior.

Como é impossível transmitir esta Sabedoria na íntegra através da palavra falada ou escrita, pode-se muito bem formular a seguinte pergunta: de que valerá escrever mais um livro sobre o tema? A resposta breve é simplesmente: "para estimular outras pessoas". Tendo recebido esta iluminação, mesmo que por breve instante, a pessoa radiante poderá sentir um ímpeto irresistível de ajudar outras a atingirem a mesma realização de bem-aventurança inimaginável. A técnica certa não consiste tanto em dizer, quanto em evocar. A transmissão oral somente pode ser feita por insinuações e analogias, embora estas analogias possam ser novas, nunca antes usadas. Quem sabe aquilo que se escreve pode ser apenas o ponto de partida para despertar alguém para realizar esta Visão interior, enquanto que nenhuma leitura eventualmente realizada até então tivesse ensejado esta realização. Nas palavras da autora: "Palavras... podem apontar o caminho, mas para que a verdadeira visão interna possa tornar-se realidade, elas terão de ser fruto da experiência e da vivência."

Há quase uma década, eu mesmo senti tal ímpeto. Os "ensinamentos" teosóficos deveriam ser apresentados sob um novo enfoque, em linguagem moderna, apoiados em descobertas recentes no campo da ciência e filosofia que apontam para as mesmas verdades eternas. Eu visualizei isto como esforço conjunto, compilado talvez por uma dúzia de pesquisadores teosóficos, compartilhando sua compreensão individual dos princípios, cada qual abordando um aspecto do todo. Podemos utilizar nossas próprias introspecções e talvez descobrir inspiração em afirmações comuns, ostentando um significado antes oculto. Assim, publiquei o projeto em revistas teosóficas, solicitando contribuições. Mas a reação foi decepcionante pela limitação: a minha inspiração não conseguiu estimular outras pessoas com o mesmo entusiasmo. De qualquer maneira, livros compilados por um grupo de autores raras vezes são satisfatórios; tendem a permanecer como uma espécie de justaposição de ensaios individuais que não conseguem unir-se, a menos que o editor tenha a energia de reescrever cada contribuição ao seu próprio estilo. Eu não me senti preparado para escrever sozinho o livro completo e, assim, tive que abandonar o projeto.

Agora constitui agradável surpresa descobrir que Shirley Nicholson escreveu precisamente um livro como eu havia imaginado inicialmente, embora, neste ínterim, eu tivesse escrito dois livros bastante diferentes e mais especializados. Assim, gostaria de acolher cordialmente a *Sabedoria Antiga – Visão Moderna*. Deste modo, constitui satisfação podermos passar de um projeto com formulação errônea, e outro que nunca se concretizou, para aquele que promete ser um grande êxito.

O livro baseia-se firmemente, embora não de forma exclusiva, na obra *A Doutrina Secreta*. Material proeminente foi selecionado, completamente reorganizado e reescrito nas próprias palavras da autora. O resultado é uma reafirmação nova, concisa e de leitura agradável, dos princípios teosóficos. Há três seções principais, cada qual dividida em vários capítulos, dezesseis ao todo; estes capítulos, por sua vez, são convenientemente fracionados em várias subdivisões. Evidentemente, qualquer autor terá de analisar profundamente o seu material, capítulo por capítulo. Neste livro, o pensamento é alentado pela introspecção intuitiva; cada capítulo se concretiza como uma profunda meditação sobre o seu tema intrínseco.

O leitor sério faria bem em repetir este processo, absorvendo o livro lentamente, em estágios fáceis. O que equivale a dizer que deve ler, digamos, apenas um capítulo cada vez (ou até mesmo apenas uma subdivisão), para depois tornar a ler a passagem. Sobre ela deve meditar durante um espaço de tempo ao menos tão longo quanto o que é necessário à sua leitura. A meditação não precisa ser uma disciplina rígida, formal; pode bem ser interrompida para que o leitor possa recorrer ao livro. Para alguns capítulos, será interessante continuar a meditação no dia seguinte. Desta maneira, o iniciante poderia obter uma visão ampla dos princípios teosóficos (em sentido mais amplo), baseado apenas neste livro, dedicando-lhe, digamos, uma hora por dia durante um mês. Tal abordagem deverá estimular o leitor para alcançar um *insight* próprio – e este é precisamente o objetivo do exercício. *Não* consiste em memorizar o livro ou adquirir uma avaliação intelectual fria do tema. Consiste em imprimir na mente não as *palavras* do livro, porém a compreensão própria, individual, das palavras, usando o coração e a intuição juntamente com o pensamento.

Como suplementação despretensiosa para o livro, gostaria de reenfatizar dois temas de publicações recentes. O primeiro é que alguns cientistas de grande projeção passaram a acreditar, firmemente, em uma Inteligência Cósmica a guiar a criação e o desenvolvimento do Universo. Gostaria de mencionar, especialmente, Sir Fred Hoyle que escreveu um livro intitulado *The Intelligent Universe* (O Universo Inteligente) e Jim Lovelock que dedica sua atenção especificamente à Terra e à sua orientação por uma espécie de Logos da Terra, a quem atribui o nome da deusa grega, Gaia.

O segundo tema é o crescimento excepcional de todas essas idéias em todos os recantos do mundo, em um nível que se aproxima de uma escala logarítmica. Costumava-se dizer que a salvação de nossa Terra perturbada dependia de idealistas práticos. Está se tornando realista ir além e dizer que depende dos místicos práticos – e eles, agora, estão surgindo aos milhares.

E. Lester Smith, D. Sc.
Membro da Royal Society

Prefácio

Desde 1888, quando a fonte básica da filosofia esotérica de H.P. Blavatsky, *A Doutrina Secreta*, surgiu no mundo culto, apareceu uma série de outros livros sobre aspectos variados de suas doutrinas. Há exposições profundas e complexas, bem como as que são fáceis de ser compreendidas. Algumas são elaboradas de uma maneira lógica e clara e apelam à mente racional, ao passo que outras são mais poéticas e simbólicas, apelando à intuição. Entre esta riqueza de literatura teosófica e esotérica, qual a contribuição que poderá ser oferecida por outro livro sobre teosofia?

Há duas considerações que me parecem necessitar maior ênfase, pontos que surgiram em outros livros, mas que não me revelaram suficiente clareza e importância para a nossa compreensão da teosofia no século XX. Em primeiro lugar, penso que as idéias teosóficas podem estar vinculadas em sentido mais amplo com o desenvolvimento do pensamento contemporâneo, mostrando, assim, a sua grande relevância no mundo de hoje. Em segundo lugar, gostaria de expressar a minha convicção de que estas idéias, por mais abstratas que possam configurar-se ao primeiro olhar, são realidades na natureza e em nós mesmos, e que, ao menos em parte, podem ser por nós vivenciadas diretamente.

Como estudante de teosofia por mais de três décadas, tenho visto a progressiva abertura do pensamento do mundo às idéias da filosofia perene. Parece que em todos os campos, ao lado do materialismo, podemos encontrar traços da Sabedoria Antiga, desde a área dos negócios até o bem-estar dos animais, desde a medicina aos rituais, porém, especialmente, na ciência. Uma espécie de espiritualização parece estar infundindo o pensamento moderno. Esta tendência está ainda na vanguarda da cultura contemporânea, realmente ainda não aceita pela maioria. Não obstante, em uma época em que palavras como *holismo e karma* passaram a fazer parte da linguagem comum, quando os cientistas estão alinhando a física e o misticismo e quando milhões de pessoas praticam a meditação, não posso deixar de estar impressionada com a ampla difusão de determinadas idéias antigas.

Não tem sido fácil assimilar estas tendências mais recentes na literatura teosófica. Poucos escritores houve que perceberam e articularam estes princípios tão antigos, ressurgindo sob nova aparência. Segundo F.L. Kunz enfatizou nas décadas de 1940 e 1950, é com os *princípios* da teosofia, as poderosas idéias metafísicas, que pode ser feito o amálgama com o pensamento moderno, o que não pode ser realizado tão facilmente com os detalhes e pontos específicos. Porém, alguns desses elos apareceram mais freqüentemente em artigos e seminários do que em livros.

Portanto, organizei o presente livro com base em alguns temas principais e conceitos abrangentes que costumam ressurgir, particularmente em *A Doutrina Secreta*. Tentei explicitar estas idéias transcendentais e, quando possível, dar-lhes o apoio do conhecimento moderno, especialmente da ciência. Embora os princípios em si não sejam dependentes de quaisquer novos desenvolvimentos, projetando-se como verdades eternas para aqueles que sabem, ainda assim será valioso observá-los onde coincidem com o pensamento moderno.

Eu mesmo não sou cientista ou especialista em qualquer campo, exceto, talvez, em estudos de teosofia, mas, com o passar dos anos, tentei, em alguma medida, manter-me atualizada com o mundo cambiante do pensamento. Escrevo como uma estudante de teosofia, vinculando a Sabedoria Antiga com os desenvolvimentos modernos, quando possível, e tentando apresentar a verdade antiga no contexto do século XX. Refiro-me a esta filosofia perene como *teosofia* com t minúsculo, para expressar a sua natureza universal, como lembrete de que estas idéias não estão restritas à literatura que floresceu no fim do século 19 e no século 20 nos movimentos teosóficos e esotéricos, mas, ao contrário, podem ser encontradas em inúmeras fontes, tanto antigas como modernas. Espero que este esforço auxilie algumas pessoas de visão moderna a assimilarem as verdades perenes da teosofia, auxiliando, também, alguns teósofos a apreciarem como são modernas e relevantes as doutrinas antigas.

A minha segunda razão para escrever este livro é a de contribuir na medida das minhas possibilidades para mostrar que o estudo profundo da teosofia não precisa necessariamente ser árido ou meramente intelectual. Em todo o passado histórico houve sábios e iniciados que descobriram a realidade subjacente aos ensinamentos esotéricos, as verdades na natureza que estão por trás da expressão verbal. Conquanto possamos não ser capazes de remover completamente o véu da linguagem, aquele que tiver inclinação nesta direção poderá crescer na percepção destas verdades, de modo que, ao menos, parte do seu conhecimento torna-se vivo, real. Estas idéias eternas estão imbuídas de uma energia, uma vitalidade que revitaliza aqueles que as exploram. Podem conduzir a uma vivência mais profunda da natureza e de sua base espiritual de apoio, a uma nova visão da realidade. Tal visão crescente de mundo, longe de ser meramente um exercício intelectual, poderá penetrar em todos os nossos níveis, reformando e transformando-nos. O estudante sincero continuará a crescer em compreensão, em sensibilidade, compaixão e nas qualificações e habilidades para poder ser útil ao mundo.

Se o presente livro tiver êxito, em alguma medida, para mostrar a teosofia à luz desses dois objetivos, ajudar-me-á no resgate de meu débito para com os inúmeros companheiros e mentores no caminho que me ajudaram a ver a teosofia como uma realidade viva na minha vida e no mundo.

Gostaria de agradecer a Emily Sellon, ex-editora da revista *Main Currents in Modern Thought*, ao Professor Robert Ellwood e ao Prof. John Algeo por terem lido o manuscrito, fornecendo sugestões valiosas. Meus agradecimentos também ao Professor Ralph Hannon, que examinou e introduziu correções nas dissertações sobre ciência, e ao Dr. E. Lester Smith pelo seu Prólogo.

INTRODUÇÃO

A Tradição Viva

Fragmentos da Filosofia Perene podem ser encontrados entre as tradições de povos primitivos em todas as religiões do mundo, e, em sua forma plenamente desenvolvida, têm lugar em qualquer uma das religiões superiores. Uma versão deste Fator Comum Supremo... foi abordada continuamente.

"The Perennial Philosophy"
Aldous Huxley.

Para a maioria de nós surge a ocasião em que começamos a questionar o valor de nossas vidas, de nossas atividades e realizações, e até mesmo de nós próprios. Isto pode ser um sentimento momentâneo que repelimos como sendo meramente mau humor, ou poderá representar um exame prolongado e sério. Mas se reservamos algum tempo para analisar as nossas vidas, nossos pensamentos habituais e sentimentos, olhando-os objetivamente, a maioria de nós sentirá algum grau de insatisfação de que algo está faltando, que deve haver algo mais... Tais momentos desconcertantes de questionamentos, freqüentemente dão origem a um *descontentamento divino,* uma ânsia por algo mais, algo que nos forneça o ímpeto para descobrirmos novas dimensões da vida. A incerteza, até mesmo o desespero, podem nos abalar, conduzindo-nos na direção de uma nova maneira, um novo caminho, uma busca de significado. Einstein sentiu algo neste sentido quando repentinamente vislumbrou a imensidão do universo:

> "O indivíduo percebe a futilidade dos desejos e propósitos humanos e a grandeza e maravilhosa ordem que se revelam tanto na natureza como no mundo dos pensamentos. A existência individual deixa uma sensação de aprisionamento e a pessoa deseja vivenciar o universo como um todo significativo e único. É este o começo do sentimento religioso cósmico."[1]

Podemos começar a nossa busca da religião cósmica, do nosso lugar no todo, lendo bastante e examinando muitas novas idéias e pontos de vista, ou a nossa busca poderá conduzir-nos à exploração interior, para descobrirmos camadas novas e mais profundas de nossa própria consciência através da meditação e auto-exame. Buscando externa ou internamente, poderemos provavelmente encontrar verdades antigas que foram reveladas por aqueles que vêm buscando através dos séculos. Podemos ser atraídos para uma visão filosófica que tem acompanhado a humanidade desde tempos imemoriais, uma visão que indicou o caminho para o crescimento e perfeição humana.

A Sabedoria Antiga

De acordo com os ensinamentos teosóficos, alguns videntes e sábios, gênios da vida interior, mantiveram vivo este ensinamento secreto, revelando-o em vários pontos da terra, em intervalos de tempo que abrangem todo o decurso da história. Esta visão do homem e do seu lugar em todas as coisas foi denominada filosofia esotérica, a Filosofia Perene, a tradição primordial, a Sabedoria Antiga, teosofia.

Este conjunto de idéias é denominado *esotérico* porque preocupa-se com aquilo que está oculto, desconhecido. Abrange a estrutura mais profunda do homem, velada na parte inconsciente de sua natureza, e os processos e leis invisíveis subjacentes àquilo que é óbvio para os sentidos. A filosofia esotérica autêntica não se preocupa com o misterioso ou fantástico, embora possa prover uma base lógica para tais eventos. O seu foco primordial está nas leis universais que governam a evolução humana e todos os fenômenos naturais, os princípios subjacentes ao universo visível.

Tempos houve em que a Sabedoria Antiga foi ensinada apenas secretamente a um círculo interno daqueles poucos que buscavam verdades mais profundas. Embora os seus ensinamentos aflorem às mentes imbuídas da busca sincera, pouco significado têm para a mente superficial. A filosofia esotérica revela uma visão da realidade que ultrapassa aparências superficiais, penetrando em suas profundezas numênicas. O pesquisador esotérico autêntico conhece a Natureza como um todo vasto e orgânico, do qual o mundo físico constitui apenas o véu ou a cortina visível. Percebe que os reinos invisíveis contêm os elementos causais de toda a existência, produzindo na esfera exterior aquilo que pode ser percebido pelos sentidos. Assim, a sua visão está aberta a amplos domínios que ultrapassam o mundo físico.

A compreensão da Sabedoria Antiga, que foi denominada "o sopro libertador da realidade", abrange níveis mais profundos do que apenas a cognição mental. As palavras e os ensinamentos verbais podem apontar o caminho para as doutrinas ocultas, mas a compreensão autêntica só pode ser obtida através da experiência e vivência. Alguns adeptos genuínos – como Jesus, Buda, Platão, Lao Tzu e Pitágoras – revelaram os ensinamentos secretos através das idades. Aqueles sábios eram portadores da Sabedoria e a exteriorizaram em suas vidas. A vida e filosofia eram para eles algo único; mostraram que a busca da sabedoria mais profunda precisa acompanhar *pari passu* uma vida íntegra e ética. Esta espécie de compreensão não pode ser adquirida apenas num nível intelectual. Terá de envolver a pessoa como um todo, em todos os níveis do seu ser. Por exemplo, nas escolas de mistérios gregas, como a de Pitágoras, a matemática era ensinada como disciplina espiritual no contexto de sua cosmologia, como a Música das Esferas, apenas para aqueles que se qualificavam intelectual e moralmente. Assim, a ciência, religião e filosofia estiveram unidas reciprocamente e com a moralidade.

Outras escolas de mistérios, como a de Eleusis, propiciaram a participação direta em eventos dramatizados, visando invocar a realização de um ensinamento secreto. As iniciações tinham por objetivo fomentar o discernimento dos investigadores da verdade. Os maçons e alquimistas, juntamente com muitas outras escolas esotéricas através das idades, ofereciam treinamento para despertar a visão interna. Pitágoras, Platão, Roger Bacon, Kepler, Leonardo da Vinci, Nicolau de Cusa e Leibnitz estavam entre aqueles considerados como tendo pertencido a uma escola esotérica[2].

Houve ocasiões em que as doutrinas teosóficas eram ensinadas de forma aberta e pública. Os antigos ensinamentos hindus, registrados nos *Upanishads*, eram originalmente secretos[3]. Contudo, o tema central encontrado nesses ensinamentos tem sido repetido em várias obras exotéricas. Por exemplo, *Tat tvam asi* (Tu és Aquilo), que proclama ser a essência mais recôndita do homem una com o Ser divino, ou *Brahman,* é idêntica à máxima gnóstica, "Tu és Eu e eu sou Tu". Este discernimento da conexão oculta do homem com a Base transcendental de todas as coisas apareceu em muitas outras filosofias e religiões, como o Taoísmo e o Neoplatonismo, e mesmo no Budismo se encontram referências a ele, embora de forma menos explícita. O esoterismo sustenta que o atingimento direto desta verdade constitui a realização de nível mais elevado.

Motivos Recorrentes

A polaridade fundamental entre a divindade e o mundo exterior condicionado constitui outra área de realização direta para o investigador esotérico. Esta compreensão de aspectos duais tanto do homem como da natureza aparece no Hinduísmo como os pólos de *Brahman e maya,* o mundo ilusório, no Budismo como nirvana e *samsara,* no Cristianismo como o contraste entre o divino e a natureza humana, no Shamanismo como o Supremo Deus Céu e o mundo que cria para depois dele afastar-se.

A polaridade e a unidade de tudo com o divino são apenas dois exemplos dos inúmeros motivos recorrentes, encontrados na sabedoria coletiva do mundo. Os fundadores de todas as grandes religiões ensinaram alguns aspectos da Sabedoria Antiga, e seus vestígios permanecem no coração de todas as religiões vivas, muito embora freqüentemente soterrados por interpretações falhas que se acumularam durante os séculos. Um conhecimento da tradição esotérica poderá tornar qualquer religião mais significativa e compreensível. Frithjof Schuon, autoridade em estudos religiosos, esclarece, em sua original obra *The Transcendent Unity of Religions* (A Unidade Transcendental das Religiões), que a verdade religiosa não pode ter apenas uma única expressão, com a exclusão de outras. Para Schuon, uma afirmação dogmática, que não admite outra forma de expressão, é como um ponto em um círculo; não alcança a plenitude da verdade[4].

O ensinamento interno tem sido comparado a um fio dourado a atravessar o tapete da religião e da filosofia. Jacob Needleman, que percebe a filosofia como algo vivo e importante na atualidade, indicou a existência de "uma corrente antiga de grandes idéias, que levam a um despertar"[5]. Estas idéias recorrentes apareceram sob diferentes formas e em diferentes épocas através dos séculos, expressando-se através de muitas aparências culturais. A verdade viva não pode ser estática e deve ser vista sob um novo prisma na medida em que se relaciona com cada nova era. Não obstante, os ensinamentos esotéricos através da história possuem notável semelhança. Como reconhece a professora de filosofia, Renée Weber, existe uma única tradição, um núcleo universal de conhecimento subjacente a suas inúmeras expressões, que estão "unidas por uma intencionalidade comum, uma visão integral do homem e do mundo"[6]. Embora oriundos de tempos e lugares imemoriais, esses ensinamentos destacam determinados princípios e leis básicos que são universais. Eles formam um sistema holístico que mescla a ciência, filosofia e religião, como no passado estiveram unidas na Grécia Antiga e no Oriente. A teosofia aponta o caminho antigo e estreito para que o homem possa revelar o mistério de sua natureza interna e desenvolver estados de consciência mais elevados e nobres.

A Doutrina Secreta

Helena Petrovna Blavatsky, a instrutora de maior discernimento e compreensão da filosofia esotérica em tempos modernos, expressou e desenvolveu os princípios básicos da teosofia no fim do século 19 em sua obra exponencial *A Doutrina Secreta*. Naquela obra, Blavatsky cita fontes e sábios de todas as épocas, bem como pensadores contemporâneos. Referiu-se a essa filosofia perene como "a Sabedoria acumulada das idades" e enfatizou as suas inúmeras fontes: "O sistema....não é uma fantasia de um ou vários indivíduos isolados....constitui um registro ininterrupto, abrangendo milhares de gerações de iniciados."[7] Ela esclareceu não ter inventado a teosofia, mas apenas reuniu os fios, integrando-os em um todo harmonioso, fornecendo, em suas palavras, o cordão para o buquê. Afirmou ainda que as concepções básicas de *A Doutrina Secreta* estão, na realidade, contidas – embora muitas vezes sob um disfarce enganoso – em todos os sistemas de pensamento ou filosofia dignos do nome[8]. Blavatsky declarou ainda que:

> "Em todas as idades, em quaisquer condições de civilização e conhecimento são encontrados os ecos mais ou menos fidedignos de um sistema idêntico e suas tradições fundamentais; assim, muitas correntes do mesmo rio devem ter tido uma Fonte comum da qual surgiram."[9]

O seu trabalho constitui a base para a proliferação de ensinamentos esotéricos, tão populares hoje em dia. Embora publicada aproximadamente há cem anos, *A Doutrina Secreta* continua a ser a fonte principal dos conceitos e princípios que compõem a Sabedoria Antiga. Nessa obra, os princípios fundamentais estão mesclados com a tradição esotérica. Mas, diferente de muitos escritores de época posterior, H. P. Blavatsky sempre enfatizou e retornou às proposições universais que são subjacentes e governam o universo. Ela revelou um sistema abrangente de princípios interligados, uma metafísica que constitui o fundamento do mundo manifestado. Ela enfatizou, por exemplo, os ciclos como um princípio em lugar da reencarnação, que é um caso particular da lei maior, e repetidamente destacou a evolução como realidade onipresente que engloba as especificidades dos vários estágios de desenvolvimento. Esboçou um grande quadro, mostrando-nos o grande desígnio subjacente ao nosso mundo da experiência. Escritores posteriores tendem a inserir detalhes e a descrever os mecanismos envolvidos na expressão dos princípios.

Princípios como Realidades Vivas

Os pontos essenciais são mais acessíveis e de mais fácil corroboração em nossa própria experiência do que os ensinamentos mais detalhados sobre mundos suprafísicos. Grande parte da informação esotérica atualmente disponível baseia-se em investigações realizadas por pesquisadores renomados, com sensibilidade supernormal, nos reinos invisíveis da natureza. As informações deste tipo baseiam-se na autoridade dessas pessoas. Os princípios, contudo, podem tornar-se evidentes a todos aqueles que buscam na direção certa, pois a compreensão dos princípios não depende de qualquer habilidade especial, a não ser aquela do discernimento intuitivo que pode ser cultivado através do estudo e da contemplação.

Os fundamentos da metafísica teosófica não constituem abstrações distantes e sem efeitos sobre nossas vidas. Ao invés disso, estão todos atuantes ao nosso redor e dentro de nós, aqui e agora. São como a gravidade que, embora invisível, determina a natureza do mundo físico. Tudo que fazemos está totalmente permeado pela atração da gravidade. Todos os nossos passos e movimentos, cada objeto que usamos, tudo que construímos ou levantamos está sob o domínio deste princípio. Não obstante, por ser tão abarcante e onipresente, geralmente estamos inconscientes do poder de sua influência. Os grandes princípios da teosofia – unidade, polaridade, ciclos, ordem, evolução – também estão constantemente exercendo sua influência irresistível em nosso mundo. Nas palavras de um teósofo contemporâneo: "As doutrinas teosóficas, os teoremas das tradições esotéricas, não são abstrações além do alcance da maioria das pessoas....mas são tão imediatas e reais como o nosso próximo alento ou passo no caminho."

Este conhecimento tem reaparecido parcialmente ao longo da história porque foi sempre transmitido de mestre para discípulo através de ensinamentos orais e iniciações nos seus mistérios. Mas o conhecimento também é mantido vivo por constituir verdade insofismável para aqueles que desvendaram sozinhos os segredos da Natureza. Como disse um grande sábio em certa ocasião: "Estas teorias representam fatos inatacáveis para aqueles que sabem."[10] Como nas antigas escolas de mistérios, estas idéias metafísicas, expressas na teosofia moderna, não foram concebidas para serem estudadas apenas com o intelecto e serem aceitas como postulados da fé. Isto pode ser um começo, mas o conhecimento que permanece em níveis intelectuais tem pouco efeito sobre o mundo ou sobre o indivíduo. A crença sem conhecimento pode degenerar em dogma. Esses ensinamentos destinam-se a ser transformados de teorias em realidades vivas que permeiem todas as nossas atitudes e governem nossa vida. Nas palavras de H.P.B. (como passou a ser conhecida) sobre as Estâncias de Dzyan, que compõem a base de *A Doutrina Secreta*, "... todas estas Estâncias são dirigidas às faculdades internas, em vez de se destinarem à compreensão comum por parte do cérebro físico."[11] A profunda contemplação dos princípios universais e a maneira como são interligados podem despertar faculdades ainda mais profundas do que a compreensão comum – a mente superior e a faculdade intuitiva da percepção direta e imediata. Este é um processo natural, por meio do qual o conhecimento é transformado em experiência, a erudição é transformada em "sabedoria da alma", nas palavras de H.P.B., na qual as idéias são iluminadas por uma espécie de verdade viva. O resultado é "conhecimento orgânico baseado na visão, em oposição à teoria alcançada pelos meandros do raciocínio."[12]

A fonte desta nova dimensão da compreensão está latente em cada um de nós. Podemos conhecer os paradigmas universais, a unidade subjacente a toda vida, pois tal conhecimento já está em nosso interior, esperando sua atualização. Nas palavras de Krishna Prem, um comentador do século XX de *A Doutrina Secreta*, a filosofia subjacente das Estâncias, o *Gita*, os *Vedas* "deriva sua autoridade....de sua própria verdade inerente como uma descrição e guia para a vida interna, uma verdade que é comprovada e assegurada exclusivamente pelos nossos próprios corações".[13] É possível encontrar um nível em nosso interior, onde a teosofia é realidade e permitir que as suas implicações permeiem as nossas mentes, de modo que as nossas vidas passem a expressar os seus princípios.

Para muitos de nós no mundo ocidental, o primeiro passo será intelectual. Primeiramente, podemos estudar, ler, assistir palestras, debater, na medida em que consideramos e tentamos compreender as idéias teosóficas. Posteriormente, se formos sérios em nossa busca, esta consideração mental deverá iniciar um processo em nosso interior. Começamos a meditar sobre idéias que dominamos intelectualmente e "compreendê-las na mente," como disse H.P.B. Em níveis mais profundos de compreensão, despontará determinada espécie de certeza. Na obra *The Transcendent Unity of Religions*, Schuon descreve um estado em que não mais questionamos a validade de uma idéia ou procuramos sua comprovação. Tampouco acreditamos simplesmente ou nos baseamos na convicção intelectual. Ao invés disso, conhecemos a sua verdade em nós mesmos; temos "evidência direta....que implica certeza absoluta."[14]

Na medida em que cresce a nossa compreensão, começamos lentamente a olhar o mundo a partir da perspectiva teosófica, a ver os seus princípios operando sob a superfície das coisas, encontrando evidência de ciclos, evolução, planos mais elevados – tudo ao nosso redor. Com clareza cada vez maior, podemos também vislumbrar modos através dos quais estas idéias se relacionam com as nossas vidas diárias. Podem, também, começar a refletir-se nas nossas emoções, sob a forma de novos níveis de amor e de compaixão e do desejo de servir. Assim, baseamos estes princípios na experiência e na nossa vida interna, de modo que nos afetam em todos os níveis. Na medida em que este processo se aprofunda, verificamos que a nossa atitude para com a vida está mudando. Podemos adquirir maior capacidade de afastamento das limitações de nossa situação imediata e ver o seu significado a partir de uma perspectiva mais ampla, desde uma visão de alcance mais longo, na medida em que consideramos objetivos maiores. Assim, este processo de transformar idéias em experiência envolve todo o nosso ser. O que começa como compreensão intelectual transforma-se em discernimento intuitivo e se torna embasado na praticidade. As nossas faculdades em todos os níveis se focalizam na busca e ficamos envolvidos em um processo interminável de crescimento, continuamente criativo e novo, que continuará ano após ano. Descobrimos, por nós próprios, que um verdadeiro encontro do eu com a visão esotérica encerra em si o poder de nos transformar.

I

O UNO MULTIFACETADO

1

A Visão Curativa de Mundo

Vivemos, atualmente, em um mundo globalmente interligado, no qual os fenômenos biológicos, psicológicos, sociais e ambientais são todos interdependentes. Para descrever este mundo adequadamente, necessitamos de uma perspectiva ecológica... um novo paradigma – uma nova visão da realidade.

Fritjof Capra

Um silêncio sobrenatural nos envolve. Cessa o cantar dos pássaros e não há pequenos animais a correrem em volta. Todo o tráfego está parado, e as pessoas também, calmamente, olham para o céu. Embora seja quase meio-dia, o céu límpido escurece e a tênue luz restante adquire uma coloração amarelada, lúgubre. O silêncio e a escuridão se aprofundam até que o mundo pareça estar imerso em uma espécie de crepúsculo extemporâneo. Toda a vida parece estar paralisada. Depois, quase que imperceptivelmente, a luz amarela recolhe-se gradualmente mantendo o seu brilho. Em breve, os sons da natureza começam a fazer-se ouvir novamente, e as pessoas recomeçam a movimentar-se em sua faina diária. O mundo retorna à vida e retoma o seu ritmo normal.

Ocasionalmente, todos tivemos a oportunidade de assistir a um eclipse solar como este. Tais eventos naturais, dramáticos, não são tão aterrorizantes para o atual morador das cidades. Mas foram terríveis para aquelas pessoas que viviam em contato próximo com a natureza, particularmente em épocas pré-científicas. O membro de uma tribo com fé xamanística, aterrorizado com tal demonstração do poder de seus deuses, promoveria ritos de sacrifícios para aplacá-los e proteger-se. O agricultor devoto poderia cair de joelhos em preces ou acender uma vela para a Virgem, na esperança de que suas colheitas não fossem destruídas. Em contraste, um executivo moderno poderia apenas lançar um breve relance ao céu, em sua corrida entre reuniões importantes, ao passo que o seu jovem filho poderia procurar um globo mundial, uma bola de tênis e uma lanterna de mão para mostrar ao seu pequeno irmão as posições da terra, da lua e do sol durante um eclipse. Um astrônomo teria preparado tudo adiantadamente para fazer fotos com o telescópio, para estudar a coroa do sol a brilhar ao redor do disco escuro da lua.

A forma de reação de cada pessoa depende do seu sistema de crenças. Diferentes visões do mundo geram diferentes interpretações dos mesmos eventos. Será que a natureza é vista de forma permeada por espíritos invisíveis, às vezes prestativos, às vezes hostis, ou haverá um Deus único e benevolente a operar atrás do cenário? Será que o mundo está centrado no comércio – processo no qual a natureza está apenas indiretamente envolvida? Existe um sistema celestial ordenado, no qual corpos celestes movem-se ao longo de trajetórias previsíveis? Cada uma dessas suposições resulta em diferentes atitudes e ações.

As nossas pressuposições sobre o mundo encobrem a nossa visão à semelhança de óculos de sol, colorindo todas as nossas experiências, pensamentos, crenças e atitudes. Estas "lentes" são feitas das premissas e axiomas fundamentais que temos sobre a

Natureza e o homem, as "certezas" da vida que raras vezes questionamos. Será que presumimos que a vida física e as experiências dos sentidos são tudo que existe? Esta visão refletir-se-á na forma em que passamos o nosso tempo, nos amigos que escolhemos, naquilo que é importante para nós. Será que sentimos que as pessoas são basicamente boas e que até mesmo entre as pessoas aparentemente "más" há um ímpeto na direção do crescimento e perfeição? Estas pressuposições nos orientarão de forma diferente e determinarão nosso estilo de vida, aquilo que desejamos realizar na vida e como tratamos nosso próximo.

Seja de que modo for, todos nós temos uma visão de mundo. Nós, seres humanos, temos uma necessidade básica desta visão de mundo. Os antropólogos descobriram que todas as culturas abraçam alguma espécie de visão de vida abarcante, que deixa aos seus membros uma sensação de que ocupam o seu lugar no Todo. Os psicólogos verificaram que os indivíduos, também, necessitam de uma visão geral na qual possam orientar-se – aquilo que o psicólogo Erich Fromm denominou de "estrutura de orientação". O que o filósofo Jacob Needleman diz acerca da filosofia, pode, também, ser dito acerca da visão do mundo:

> "O homem não pode viver sem a filosofia....há um anelo no coração dos homens que é alimentado apenas pela filosofia real."[1]

Em uma cultura, como também no indivíduo, a visão do mundo abrange aquilo que é conhecido pela ciência naquele tempo e local, acrescido de idéias religiosas e filosóficas. A visão do mundo do Ocidente, que atualmente predomina, formou-se ao redor do materialismo do século XIX, talvez mesclada com idéias mais novas como a Relatividade e o Princípio da Incerteza de Heisenberg. Mesmo se não tivermos estudado tais princípios ou conceitos, eles interpenetram a nossa cultura e afetam nossa visão do mundo. Sobre esta base cultural, cada um de nós insere inumeráveis temas e motivos que se fundem e que compõem a nossa imagem individual do mundo. Essa imagem incluirá atitudes desde a tenra infância das quais, já adultos, em grande parte, esquecemos como nossas reações à alimentação rápida ou retardada após os nossos gritos infantis de fome, ou a nossa felicidade, ou temor de encontrarmos o cão da família. Essas impressões serão integradas em conceitos mais conscientes e racionais na nossa imagem do mundo.

As premissas filosóficas e pressuposições básicas pelas quais vivemos, em grande parte não são realmente analisadas; simplesmente desenvolvem-se em nossas mentes na medida que acumulamos experiência e conhecimento. Não são realmente examinadas e expressas verbalmente em enunciados racionais. Estudos evidenciaram que as pessoas se tornam hostis e defensivas quando alguém desafia tais axiomas inconscientes. Compõem aquilo que foi denominado "o inconsciente filosófico"[2], do qual, em grande extensão, não nos damos conta e, portanto, não estamos preparados a defender. Quando estes são atacados, julgamos que somos nós os atacados. A nossa visão do mundo, baseada nessas premissas, afeta nossas experiências e ações muito mais do que imaginamos, não apenas em momentos emocionais intensos, como num eclipse, mas na vida diária e nas atitudes habituais. Nossa crença sobre como é o mundo determina a forma como interpretamos o que nos ocorre, nossas expectativas e o que julgamos que se espera de nós, o que acreditamos poder alcançar, e até mesmo, nossa auto-percepção individual.

A Visão de Mundo Separativa

A visão de mundo que atualmente prevalece no Ocidente

tem dado origem à fragmentação, tanto do mundo como de nós próprios. Muitos autores têm indicado, recentemente, que esta visão baseia-se no chamado Reducionismo do século XIX, que resultou na análise das coisas em seus componentes progressivamente menores. A mente é olhada como mera função do cérebro e a consciência, um subproduto da evolução física. Segundo esta visão, o mundo adquire um caráter material, físico e parece ser constituído de unidades isoladas, independentes, que parecem ser inerentemente desconectadas.

Nas palavras do físico David Bohm, este tipo de pensamento é um dos principais fatores na atitude divisionista que permeia o mundo contemporâneo[3]. O nosso impulso para romper a realidade em fragmentos, que percebemos através dos sentidos, é reforçado pela linguagem que enfatiza as diferenças. Vemos objetos separados, distintos – árvores, cadeiras, prédios – e também pessoas diferentes que parecem ter uma identidade própria, como indivíduos auto-enclausurados. Atribuímos a essas impressões dos sentidos do mundo uma importância e finalidade muito maiores do que merecem, sem compreendermos que há outras formas de vivenciarmos o nosso meio ambiente. O nosso "ajuste focal", nas palavras do instrutor tibetano Tarthang Tulku, é restrito a um ângulo estreito. Einstein também vislumbrou esta limitação que nos impomos:

> "Da multiplicidade de nossas experiências sensoriais, extraímos, mentalmente, ou de forma arbitrária, determinados complexos de impressões sensoriais que ocorrem repetidamente... e os correlacionamos a um conceito – o conceito do objeto corpóreo."[4]

Atualmente, esta visão separatista é questionada por muitos pensadores modernos que estão convergindo para uma visão ampliada da realidade. Este tema está começando a surgir como um novo ímpeto importante na vanguarda do pensamento moderno. Autores tão diferenciados como o físico Fritjof Capra e a autoridade em questões religiosas, Huston Smith, apontaram sinais do surgimento de uma nova visão de mundo na cultura Ocidental. Estes pensadores mostram como o progresso na ciência, especialmente no âmbito da natureza da matéria (abordado no capítulo 4), torna obsoleto o enfoque mental separatista. Muitos estudantes de sociologia acreditam que estamos em um ponto de mutação, da antiga visão atomística, divisiva, para uma que é holística e focalizada no inter-relacionamento. Há muitos fatos e teorias na ciência que corroboram tal visão, e alguns serão abordados neste livro. Não obstante, apesar da evidência convincente em sentido contrário, os nossos hábitos profundamente arraigados em uma visão separativa da realidade, são difíceis de ser rompidos. A nossa "inconsciência filosófica" resiste às mudanças, simplesmente porque situa-se além da esfera da percepção consciente e da escolha. Aceitamos por tanto tempo os conceitos separativos, baseados nas impressões sensoriais como realidade final, que os limites estabelecidos por eles se firmaram como invioláveis. A eles reagimos como fazemos em relação a um mímico que nos faz acreditar em uma parede invisível, criada através de seus gestos, restringindo-nos, então, à parede que imaginamos estar ali.

Esta visão separada também permeia o nosso conceito de nós próprios. Muitos de nós, no Ocidente, crescemos considerando-nos pessoas separadas, independentes em nossos próprios mundos interiores. Até mesmo entre os mais esclarecidos de nós, a tendência mais acentuada é a de viver no meio de uma esfera auto-centrada, atribuindo importância básica aos interesses e benefícios pessoais, bem como às energias gastas no fomento do nosso próprio mundo particular, freqüentemente em prejuízo de terceiros. Os nossos ideais americanos de individualismo e de competição baseiam-se nesta visão que nos bem serviu durante a maior parte de nossa história. Mas agora estamos sendo forçados a reconhecer o nosso planeta como uma "aldeia global" na qual não podemos estar apartados uns dos outros. A comunicação internacional instantânea, viagens e comércio mundial, reservas decrescentes de recursos naturais do planeta, superpopulação, são alguns dos fatores bem conhecidos que deveriam nos impulsionar para uma interrelação harmoniosa. Não obstante, nossa ênfase nas distinções entre raças, nações, grupos étnicos, classes sociais, famílias, indivíduos impede o trabalho conjunto para o bem comum e até mesmo para a sobrevivência.

Em Direção à Unidade

Cada vez mais reconhecemos que a nossa falha em adotar uma atitude unitiva, implícita no conhecimento do século XX, constitui a base de nossos problemas a nível mundial, sejam de natureza social, política, ecológica, econômica ou individual. Agora, no fim do século XX, mais do que nunca na história, precisamos nos dar conta de que não podemos viver isolados uns dos outros e da natureza. Contudo, enquanto acreditarmos que o mundo está dividido em unidades fundamentalmente separadas, vivenciaremos o mundo desta maneira e reagiremos correspondentemente. Mas, se estivermos convictos de uma unidade subjacente nas aparentes divisões, perceberemos a unidade e o inter-relacionamento. Precisamos, desesperadamente, de uma visão de mundo unificante para ajudar a curar os inúmeros males do mundo. Quantos problemas poderiam ser solucionados se o bem comum, global, das vidas de todos os seres em nosso planeta fosse o objeto principal de consideração, em vez da preocupação com interesses específicos!

Segundo David Bohm, a física moderna revela uma visão da

matéria na qual "aquilo que vemos imediatamente é, na realidade, um aspecto muito superficial... o que denominamos de coisas reais, são de fato diminutas ondas que têm o seu lugar, mas que

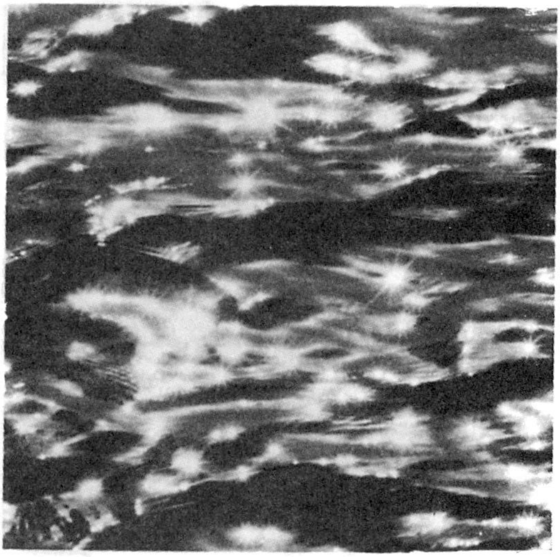

usurparam o Todo."[5] Por trás da separação superficial e apoiando coisas aparentemente disparatadas, está uma unidade mais básica, mais real, mais próxima de nós do que as nossas impressões sensoriais que sempre separam e nunca podem realmente revelar a unidade. Contudo, os místicos concordam com os físicos em que esta esfera unitária é básica, que as divisões se baseiam, em última análise, em um fundamento único. Os nossos sentidos mostram-nos apenas a superfície da água. Estamos preocupados com as ondas e torvelinhos, salpicos e borrifos. Se pudéssemos, intuitivamente, mergulhar nas profundezas tranqüilas, poderíamos ver que os movimentos da superfície são apenas condições momentâneas, transitórias do Todo eterno e dinâmico.

Embora difícil, é possível mudarmos o nosso ajuste focal, percebendo de outras maneiras que transcendem os sentidos limitados, penetrando em um nível mais fundamental. Através das idades houve indivíduos que alcançaram uma unidade fundamental por intermédio da experiência imediata. Místicos de todas as religiões experimentaram a união com o Todo em graus variados. Atualmente, muitas pessoas comuns também estão começando a experimentar algum grau de encontro direto com esta unidade através da meditação e outros meios. O psicólogo Stanislav Grof descobriu, através de trabalho clínico, que "está se tornando cada vez mais evidente que os seres humanos podem atuar em amplas áreas de consciência, transcendendo os limites de seus corpos físicos, o alcance de seus órgãos sensoriais e as características newtonianas de espaço e tempo."[6]

O psiquiatra Carl Jung atingiu um estado de unidade, mergulhando na natureza:

> "Às vezes, sinto como se estivesse espalhado por toda a paisagem e mesmo dentro das coisas, e eu mesmo estou vivendo em cada árvore, nos borrifos das ondas, nas nuvens e nos animais que vêm e vão, na seqüência das estações."[7]

Erwin Schroedinger, fundador da Mecânica Quântica, veio a realizar a unidade, penetrando na natureza da matéria:

> "Embora se configure inconcebível para a razão comum... você e todos os demais seres conscientes estão integrados reciprocamente. Portanto, esta sua vida atual não é meramente uma parte de toda a existência, senão que, em certo sentido, é o *Todo* ... Assim, você pode se lançar ao chão, espraiado na Mãe Terra,

com a convicção de que você é uno com ela e ela contigo."[8]

O *yogui* Oriental penetra até um nível de unidade ainda mais profundo, no qual compreende diretamente que é uno com o Divino, que *Ātman* e *Brahman* são um. Esta é a descoberta fundamental dos místicos.

A chave desta experiência reside na natureza da essência básica do homem, nas profundezas de sua consciência. A Sabedoria Antiga sempre postulou que cada um de nós, como todas as demais coisas na natureza, é fundamentalmente uno com o Todo, submerso naquela unidade indivisa, numênica, da qual se origina toda a criação. Se aprendermos a fazer desabrochar o nosso próprio manancial interior e profundo, "revolvendo na sede mais profunda da consciência", nas palavras de Buda,[9] poderemos emergir na esfera do Uno da mesma maneira que os físicos, penetrando profundamente na matéria, alcançaram um mundo além da matéria.

Arthur Koestler, um jornalista que explorou o misticismo, escreve acerca da obrigação moral que emerge da experiência da união. Esta não é uma experiência meramente para a auto-expansão e iluminação da pessoa; ao contrário, ela cria um sentido de responsabilidade para com os demais. Enquanto foi prisioneiro na Espanha fascista, diante da possibilidade de ser fuzilado, Koestler teve uma experiência, na qual "o eu deixou de existir", e ele sentiu-se "flutuando em um rio de paz, sob pontes de silêncio". Nesse estado de ser, em contacto com a "realidade última", em suas palavras, adquiriu uma nova compreensão:

"Percebi, repentinamente, como algo auto-evidente, que ....éramos todos responsáveis um pelo outro, não somente no sentido superficial da responsabilidade social, mas porque, de alguma forma inexplicável, participamos da mesma substância de identidade, da mesma maneira como gêmeos siameses ou vasos que se intercomunicam."[10]

Percebeu que o conhecimento interno da unidade terá de refletir-se externamente em nossas vidas. Outro homem de tendências místicas e de antecedentes muito diferentes, o instrutor e terapeuta ameríndio, Sun Bear, alcançou a mesma realização: "Chegamos a um ponto em que sentimos verdadeiramente a unidade, a unidade em *todos os aspectos de nossas vidas*"[11]

Se um número suficiente de seres humanos puder perceber a nova visão da totalidade que está emergindo em nossa época, absorvendo-a em sua consciência de modo que permeie a sua visão de mundo e, portanto, as atitudes e ações em geral, a nova visão não poderá senão refletir-se em atitudes e condições que se exteriorizam no próprio mundo. Quando nós próprios ficarmos integrados, vivendo como partes intrínsecas do Todo, poderemos começar a restabelecer a totalidade em nosso mundo tragicamente fragmentado, dividido e tão pleno de crises. A visão mística poderá começar a curar o mundo.

A filosofia esotérica dos antigos, que H.P.B. reapresentou há mais de cem anos, baseia-se no princípio da unidade, da totalidade orgânica, estranha e extemporânea para o século XIX, porém, emergindo atualmente com todo vigor. Muitos aspectos da filosofia teosófica foram corroborados por desenvolvimentos no pensamento moderno; muitas idéias teosóficas estão em voga atualmente. A mais penetrante e fundamental delas é o conceito da unidade, da totalidade, organicidade e ecologia. Os nossos tempos clamam por esta visão unificante. Não obstante, como veremos, ela tem estado disponível desde tempos que antecedem a história registrada.

2

Interconexões

A Natureza interligou todas as partes do seu Império através de sutis fios de simpatia magnética e existe uma correlação mútua entre uma estrela e um homem.

Cartas dos Mahatmas

A Unidade de toda a vida – este é o fundamento do pensamento teosófico como um todo. Todas as coisas estão inter-relacionadas e vinculadas como que por um fio invisível. A cada nível – desde o átomo e seus componentes, através das miríades de formas de vida, até as estrelas e galáxias mais distantes – tudo é permeado por uma Vida. Tudo que existe emergiu do mesmo fundamento unitário, uma Realidade imutável, que continuamente suporta e dá vida ao processo cósmico global.

Esta é uma idéia desconcertante ao olharmos a ampla diversidade de formas no universo. Como pode ser una a variedade infindável de coisas ao nosso redor? O que pode vincular a estrela-do-mar, o cristal, a lua, a nós, e qual a nossa ligação com um nativo do interior da África ou o xeque islâmico? Como pode um pássaro frágil e encantador ser relacionado às extensas irrupções caóticas de energia em um quasar?

De acordo com a filosofia esotérica, tudo que existe origina-se da "Raiz sem Raiz de tudo", uma fonte criadora da qual emana toda a vida. Segundo as palavras de Helena P. Blavatsky, a obra "*A Doutrina Secreta* postula a Forma Una de Existência como base e fonte de todas as coisas",[1] e, em outra parte, refere-se à "Unidade Divina, de onde tudo procede."[2] O nosso mundo da diversidade, o múltiplo, emerge da Fonte numênica de tudo, do Uno. Esta Unidade é básica e fundamental na visão teosófica e as coisas separadas que vivenciamos no mundo são secundárias e baseiam-se em um fundamento invisível de Unidade.

A Doutrina Secreta postula que o Uno torna-se o múltiplo através de um processo de emanação. "A Existência Una emite,

Assim como a água se transforma em espuma, a Fonte não diferenciada dá origem ao surgimento do mundo.

por assim dizer, um pensamento que vem a ser o Cosmos."[3] O nosso mundo de miríades de formas separadas solidifica-se gradualmente, por etapas, desde sua origem numênica unitária. De um estado passivo, no qual está adormecida a potencialidade, o processo mundial agita a atividade permanente e incessante que vemos ao nosso redor.

> A cada renascimento do Cosmos, ela (a Vida Una) passa de um estado inativo para um estado de atividade intensa por ela diferenciado.[4]

Não obstante, o mundo da materialidade que emerge do Uno, jamais é separado, de forma alguma, de sua Fonte divina. A visão esotérica está em oposição àquela de um Deus que cria o mundo e depois dele se afasta. Está igualmente em contraste com o materialismo que vê a matéria como inerte e sem vida. Em vez disso, a Vida Una permeia, apóia e dá vida a tudo que dela surge. A Forma Una de Existência manifesta-se na matéria; é a "alma vivificante, imanente em todos os átomos, latente na pedra, manifestada no homem,"[5] a "potência motivadora, impulsora", subjacente à natureza. Ainda assim, o Uno permanece não dividido, constituindo a base homogênea para coisas amplamente diferenciadas, a essência última que une todas as diversidades do nosso mundo aparentemente pluralista. "O homem.... (e) o universo, e tudo quanto nele está contido, são unos com a Unidade absoluta, a essência divina incognoscível."[6]

Há outro aspecto de unidade além da essência unitária nas profundezas das coisas materiais. Existe uma estrutura harmoniosa no próprio universo, revelada pelos seus componentes, uma totalidade exteriorizada nas relações. As interações, interdependência e coerência caracterizam o mundo da natureza, no qual seres e componentes separados mesclam-se, compondo padrões e unidades significativas, como nas funções dos órgãos do corpo. Assim, a unidade surge até mesmo quando nos concentramos em manifestações materiais em vez de em sua essência subjacente. H.P.B. refere-se à "Não-separatividade de tudo o que vive."[7] Ela apresenta uma visão majestosa da criação como uma cadeia imensa, interativa: "Dos *Deuses* aos *homens*, dos Mundos aos átomos, da estrela até ao vagalume, do Sol ao calor vital do mais humilde ser orgânico – o reino das Formas e da Existência é uma imensa cadeia, cujos elos se acham todos interligados."[8] "A Grande Cadeia do Ser" ilustra, graficamente, a unidade não fragmentada, subjacente aos inúmeros indivíduos.

Assim, a teosofia aponta para três dimensões de unidade: a unidade não diferenciada do Ser supremo; a essência ou vida que permeia todas as formas; a unidade orgânica, encontrada na harmonia dos componentes e interações no mundo. Poderíamos simbolizar a Unidade Suprema por um mar ilimitado de luz que preenche todo o espaço. A Vida Una em todas as formas poderia ser representada por uma lâmpada, cujo brilho é alimentado por uma corrente elétrica invisível. Componentes estruturados em um todo harmonioso poderiam ser comparados a uma pintura primorosa, na qual cada elemento se relaciona e extrai o seu significado da composição como um todo. Essas imagens poderiam auxiliar a ilustrar como a unidade está forçosamente presente no mundo, encontrando-se também em seus níveis mais profundos e subjacentes.

O Homem e o Uno

Nós, também, fazemos parte do Uno, jamais apartados da Vida Una. Como filhos da Natureza, integramo-nos no seu padrão holístico, na medida em que estamos em um estado de permanente intercâmbio e relacionamento com o meio ambiente. Fazemos parte intrínseca do mundo natural. Além disso, nas profundezas de nossa consciência, somos unos com a Essência que tudo permeia e que também constitui o nosso recôndito ser interior. Ao nos aprofundarmos na meditação, em busca do nosso eu mais interno, o núcleo do nosso ser, de alguma forma misteriosa processa-se uma fusão com o Eu supremo oniabarcante e por um momento tornamo-nos conscientes, em alguma medida, da nossa unidade com a vida divina. H.P.B. cita uma antiga escritura:

> "No Catecismo, assim pergunta o Mestre ao discípulo:
>
> "Levanta a cabeça, ó Lanu! Vês uma luz ou luzes inumeráveis por cima de ti, brilhando no céu negro da meia-noite?
>
> "Eu percebo uma chama, ó Gurudeva! Vejo milhares de centelhas não destacadas, que nela brilham.
>
> "Dizes bem. E agora observa em torno de ti, e dentro de ti mesmo. Essa luz que arde no teu interior, porventura a sentes de alguma maneira diferente da luz que brilha em teus irmãos humanos?
>
> "Não é de modo algum diferente, embora o prisioneiro continue seguro pelo *karma* e as suas vestes externas enganem os ignorantes, induzindo-os a dizer: "Tua Alma e Minha Alma"."[9]

Este é o ensinamento subjacente dos enunciados teosóficos sobre a fraternidade entre todos os seres. A fraternidade é vista não como um ideal a ser alcançado, mas como uma realidade da natureza, uma expressão da unidade que permeia toda a vida em todos os níveis. Podemos velar esta unidade com a separatividade e o egoísmo, mas isto não elimina suas profundas raízes na natureza e em nós mesmos.

O apoio para o conceito do inter-relacionamento está surgindo de todas as partes. Esta idéia, estranha e despropositada há uns cem anos, está adquirindo importância progressivamente maior no pensamento moderno. Em décadas recentes, o foco deslocou-se para o todo e não para os seus componentes. Estudos sobre o inter-relacionamento são mais produtivos e elucidativos do que a análise de componentes fragmentados e isolados, e visões holísticas e ecológicas do mundo estão emergindo da própria ciência. No século XX, o mundo está começando a aparecer como um todo indiviso, com seus componentes em uma relação íntima e dinâmica, em fluxo e movimento, em vez de um comportamento mecânico. Há esmagadora evidência de fontes as mais diversas no sentido de que somos inter-relacionados, que todos fazemos parte de um todo, compartilhando em todos os níveis.[10] Talvez a imagem majestosa de todo o nosso globo, com suas águas turbilhonantes, visto da lua, possa simbolizar mais adequadamente a perspectiva global que está surgindo atualmente.

Olhemos alguns exemplos deste princípio refletido no mundo através de inter-relações e relações harmoniosas. Mais adiante (no Capítulo 6) consideraremos a Fonte transcendental da Unidade da natureza. Nessas corroborações modernas podemos vislumbrar o princípio da interconexão como realmente opera dentro de nós e ao nosso redor. O exame desses exemplos e visões modernas também nos auxiliará a aproximar da realidade a nossa compreensão da teosofia e dos escritos de H.P.B.

Se pudermos aprender sobre nossas inter-relações, convencendo-nos de sua realidade, poderemos vir a experimentar a unidade em nosso interior, de maneira que a idéia se fundamentará em nós, expandindo-se criativamente. Poderemos então abrir-nos à sua influência de forma cada vez mais ampla, em todos os níveis do nosso ser, desde o relacionamento harmonioso com uma árvore, até a empatia com alguém que está sofrendo, a intimações de um mundo, à união mística com o Todo.

Sabemos que nossos corpos, que nos parecem tão pessoais, tão distintamente nossos, também fazem parte do universo. Eles são constituídos da mesma espécie de átomos encontrados na lua ou em Alfa Centauro, e os elementos que conhecemos na Terra como a estrutura fundamental da química em geral são os mesmos na estrela mais distante da galáxia mais remota. Os astrônomos nos dizem que quase todos os átomos em nossos corpos foram processados através de explosões de supernovas no passado distante. O carbono em nossas células, do qual depende a nossa estrutura vital, foi sintetizado não na Terra, mas em estrelas distantes, como também aconteceu com outros elementos mais pesados. Somos feitos do mesmo material que compõe o próprio universo.

Além disso, esses átomos e moléculas em nosso corpo de modo algum são nossa propriedade particular. Assimilamos incontáveis milhões continuamente e eliminamos para o meio ambiente outros tantos milhões. Os átomos em nossos corpos poderiam – em épocas passadas – ter feito parte dos corpos de Cleópatra ou de Confúcio.

Estamos todos integrados no amplo processo de reciclagem dos materiais da terra. O mesmo volume de água tem existido na terra durante milhões de anos. Sabemos que milhões de litros do líquido sustentador da vida elevam-se dos rios e dos mares na forma de vapor d'água. Parte deste vapor, condensado em gotículas, nos é revelado em forma de nuvens, das quais provêm a chuva e os flocos de neve que caem de volta sobre o planeta. Eles encontram seu caminho para os rios e mares, mas ao longo da trajetória, seres vivos compartilham da água, retêm-na durante um período e devolvem-na para o ciclo. Na medida que a água flui continuamente para dentro e para fora de nós, captamos um volume constante para compor a maior parte de nossas células antes de liberá-la novamente para o fluxo perene. Compartilhamos a verdadeira essência constituinte do nosso corpo com toda a natureza, em intercâmbio permanente.

De forma semelhante, gases do ar fluem para dentro e fora de nós, na medida que continuamente permutamos átomos e moléculas com o meio ambiente através da nossa respiração. Todas as criaturas vivas compartilham da atmosfera, e isto vemos de forma tão dramática quando ela se torna poluída.

Além disso, todas as criaturas vivas compartilham de genes similares e há outros sinais de inter-relacionamento, como a acentuada semelhança de enzimas da relva com aquelas das baleias.

O ecologista John Storer está profundamente consciente de nossas inter-relações. Segundo suas palavras:

> "A vida é algo tão pessoal, envolta no próprio ser de cada criatura viva, que às vezes torna-se difícil compreender com que grau de intimidade cada vida está ligada a muitas outras vidas. A vida é uma corrente, avançando eternamente e sendo constantemente renovada. A energia que nos traz a vida é fornecida por muitas fontes, a maioria delas além de nossa visão ou experiência."[10]

Para os biólogos que não podem perceber-nos como entidades apartadas do nosso meio ambiente, a nossa verdadeira essência não está confinada dentro de nossa pele, mas deve abranger todo o campo do meio ambiente.

Surge, continuamente, uma teia de inter-relações no estudo dos sistemas ecológicos, nos quais organismos aparentemente isolados e independentes compõem um único sistema harmonioso e equilibrado, sendo que indivíduos e espécies cumprem as funções que são necessárias para o todo. Por exemplo, no deserto africano, diferentes espécies de animais alimentam-se de diferentes tipos de vegetação, alguns de folhas de arbustos, alguns de relva e assim por diante. Os predadores que caçam as diferentes espécies procuram diferentes alvos entre os animais no pasto. Eles têm uma ordem hierárquica, de maneira que alguns animais, como os leões, têm a primeira oportunidade para matar e até mesmo os abutres aguardam, pacientemente, a sua vez. Os restos dos animais mortos enriquecem o solo e, por sua vez, a relva, como ocorre também com as fezes dos animais. Assim, os micróbios e insetos que aceleram esta desintegração compõem um elemento importante nesta teia complexa. De alguma forma, cada espécie contribui para o equilíbrio global do sistema.

Nós, também, estamos integrados na teia da vida. Podemos ver os efeitos de nossa ação nas reservas decrescentes de água e de recursos essenciais, na poluição do ar e da água e na deformação da superfície do planeta. Sabemos agora que as escolhas que fazemos sobre a forma de usar a terra afetam toda a vida, e tornou-se aparente no século XX que todos os seres vivos de alguma forma estão inter-relacionados. Fairfield Osborn, da Conservations Foundations, expressa este ponto da seguinte forma:

> "A criança, nas calçadas das nossas grandes cidades, o fazendeiro lutando na região das secas, o rio sombrio, argênteo no passado, o emaranhado desolado da vegetação, até mesmo o último condor no topo de uma montanha na Califórnia, todos têm uma tênue relação com a vida neste planeta como um todo. O homem não está só."[11]

A Família do Homem

Tampouco podemos afastar-nos do nosso próximo. Nós, no

mundo Ocidental, nos orgulhamos de nossa unicidade como indivíduos, de nossas diferenças pessoais. Porém, mesmo apartados como indivíduos, somos integrados como uma única família. Os geneticistas calculam que cada um de nós na superfície da terra está ligado aos demais pelo menos na ordem relacional de qüinquagésimo sobrinho, e que todas as árvores genealógicas da população contemporânea estiveram fundidas em um passado não muito distante. As diferenças entre raças são insignificantes quando comparadas com o parentesco próximo entre todos nós. Compartilhamos todos o mesmo conjunto de genes. Cada um de nós tem ancestrais entre europeus, africanos, chineses, árabes, malaios, latinos, esquimós e todo o tipo possível de ser humano. Os estudantes de genética são forçados a acreditar na fraternidade humana. Cada um de nós é literalmente parente da humanidade; somos todos a família do homem. Além de nossas semelhanças físicas, somos movidos e motivados por impulsos e necessidades que se expressam em espécies inteiras, variando desde a água até o amor, do alimento até a auto-estima, da segurança até o estímulo mental. Necessitamos de todos esses componentes, e de outros ainda, para a nossa saúde integral. Nossas formas de satisfação de nossas necessidades sofrem a influência dos nossos grupos sociais. Vacas não podem servir de alimento para os hindus que as reverenciam; insetos, que são iguarias para determinadas tribos da América do Sul, são repulsivos ao paladar da maioria de nós. Os nossos grupos sociais afetam profundamente aquilo que somos e nos vinculam em uma esfera de influência mútua. As famílias constituem unidades tão estreitamente interligadas que qualquer membro perturbado afeta a família como um todo. Terapeutas familiares chegam até o ponto de postular que aquele que exterioriza o problema aparente constitui um sintoma da disfunção de todo o grupo, que para eles forma um campo. Lidam com relações entre todos os membros da família a fim de auxiliarem a criançaproblema. Fazemos de tal modo parte de nossos grupos sociais – nossas escolas, organizações comerciais, comunidades, etc. – que se torna impossível uma análise do indivíduo isoladamente. O antropólogo Gregory Bateson encara o verdadeiro eu do homem como a estrutura total do indivíduo, da sociedade e do meio ambiente.[12]

Jung mostrou-nos que até mesmo os nossos sonhos não são apenas nossos. As pessoas em toda a parte do mundo sonham com heróis e princesas, bruxas e dragões, círculos mágicos e mandalas. Os motivos mitológicos dos sonhos e fábulas são universais "... imagens de fantasia, surpreendentemente similares e que podem praticamente ser encontradas em todas as partes e em todas as épocas..."[13] Esses arquétipos, como Jung os designou, pertencem a uma tendência em todos nós na direção de tipos comuns de representações simbólicas. Originam-se de uma camada profunda da consciência, subjacente ao nível puramente pessoal, uma camada geradora de imagens que ele denominou de *inconsciente coletivo* ou *psique objetiva*. Nessa região da mente, todos nos expressamos através de símbolos universais, integrando-nos em uma linguagem do inconsciente, expressa em toda a espécie.

Constantemente compartilhamos e interagimos uns com os outros em todos os níveis. Embora cada um de nós seja um indivíduo independente, constituímos uma única humanidade, e as nossas divisões em grupos e nações são menos fundamentais do que a nossa unidade. No correr da história, identificamo-nos com unidades cada vez maiores – primeiro a família e a tribo, depois alianças de tribos, cidades-estado, nações, inicialmente pequenas, posteriormente incluindo as superpotências. Atualmente, alguns idealistas de vanguarda estão começando a abrir suficientemente o seu enfoque para abrangerem todo o planeta e sentem-se como cidadãos do mundo, formando uma aliança com as pessoas em toda a parte, para o bem da família humana como um todo. David

Spangler, um visionário que se preocupa profundamente com a comunidade, está otimista sobre este enfoque cada vez mais extenso:

> "A visão de uma cultura planetária emergente envolve a expansão e aprofundamento de nossas perspectivas e pressuposições individuais e coletivas, de modo a nos abraçarmos como uma espécie, como humanidade, em vez de facções separadas. Além disso é necessário que nos encaremos como membros sensíveis e interdependentes de uma comunidade de vida que transcende o nível humano e abarca toda a ecologia planetária, incluindo a própria Terra como um ser vivo."[14]

Na perspectiva teosófica, como vimos, todo ser está relacionado com todos os demais seres em um imenso padrão harmonioso, a exemplo de um organismo. Segundo esta visão, o isolamento não existe em qualquer sentido real, pois até mesmo a forma de vida mais tênue tem um lugar essencial na estrutura global.

Vendo nossas Interconexões

Embora possamos confirmar esta perspectiva de forma verbal e conceitual, ainda assim é difícil deslocarmos nosso foco de atenção para realmente percebê-la. Durante tanto tempo criamos uma realidade aparente no mundo da percepção, com base nas impressões sensoriais. Através de algum milagre do nosso sistema nervoso, combinado com a consciência, durante incontáveis períodos recebemos impressões da visão, som, odor, do toque, e, de alguma forma, os integramos no cérebro em objetos distintos, tendo nossa linguagem solidificado esta separação. Conseguimos um *feedback* positivo dessa operação, porque nossos "objetos" também são percebidos por outras pessoas. Podemos manipular os objetos, usá-los, comê-los, ouvi-los, e eles parecem ter uma identidade sólida e intrínseca. A nossa pressuposição inconsciente e natural é que os objetos separados são reais, sendo exata a nossa percepção do mundo que neles se baseia. A partir desse pressuposto, construímos uma crença na separatividade – uma crença de que nós e o mundo somos entidades separadas e autônomas.

Em certo nível é correta esta admissão, mas se modificarmos o nosso enfoque, o mundo dos objetos distintos desaparece. Se, ao invés de nos centralizarmos em indivíduos, escolhermos o outro caminho, realizando um enfoque bastante abrangente, então veremos sistemas, comunidades, sistemas solares e galáxias. As nossas inter-relações adquirem uma nova realidade e começamos a perceber-nos integrados em um contexto, que cresce até que abrange todo o universo.

3

Holismo e Hierarquia

A realidade individual é essencialmente ilusória. Basicamente, os objetos e acontecimentos fazem parte de um padrão que, por sua vez, faz parte de um padrão maior e assim por diante, até que tudo esteja incluído no padrão do universo. Existem eventos e objetos individuais, mas a sua individualidade é nitidamente secundária à sua existência como parte da unidade do padrão.

Lawrence LeShan

Tudo contém, ou é interpenetrado, por todas as demais coisas. Aqueles que possuem a espécie adequada de sensibilidade podem vislumbrar uma realidade de penetração recíproca que se estende além da esfera ilusória da separatividade. Tal é a visão da escola Kegan de Budismo *Mahayana*. Esta visão da realidade é captada em uma bela imagem budista, descrita por Ken Wilber: "... o universo é comparado a uma teia de pedras preciosas brilhantes, contendo cada pedra a reflexão de todas as demais e a sua reflexão, por outro lado, existe em todas as demais pedras: "uma em todas e todas em uma."[1]

H.P.B. também disse que cada um de nós se inter-relaciona

com a totalidade das coisas, contendo-as em sua essência:

> "A Doutrina Secreta... ensina que cada um dos mundos superiores, como também dos mundos inferiores, está interpenetrado pelo nosso próprio mundo objetivo: que, no tocante ao ponto de localização, milhões de coisas e seres estão ao nosso redor e *dentro* de nós, da mesma maneira como nós estamos ao seu redor, junto e dentro deles."[2]

Esta declaração enigmática sugere algo mais do que a integração harmoniosa de componentes no todo. Transmite a idéia da interpenetração das coisas, que as entidades não estão apartadas e isoladas, possuindo identidade separada e distinta, mas, de alguma maneira, uma ocupa o espaço da outra, mesclam e fundem-se reciprocamente, embora preservem sua identidade própria.

A interpenetração constitui uma maneira para exprimir o conceito de hierarquia tal como é desenvolvido na filosofia esotérica, ou seja, que toda entidade vive a sua vida no campo ou esfera de um ser maior. Isto se aplica no sentido de que seres menores estão integrados em seres maiores, como as "pequenas vidas" de nossas células têm a sua existência na vida do corpo, ou os indivíduos de uma nação são parte de uma consciência nacional. Este princípio hierárquico é fundamental na filosofia teosófica, estendendo-se à esfera da grande consciência espiritual, na qual "vivemos, nos movemos e temos nosso ser".

Em toda a natureza podem ser encontrados níveis de organização, nos quais seres maiores são constituídos de seres progressivamente menores, com todos os níveis interpenetrando-se e relacionando-se de todas as formas possíveis, vinculados em um todo integrado. Este princípio hierárquico constitui outra expressão da interconexão das coisas na Grande Cadeia do Ser, refletindo o princípio oniabarcante de unidade.

Este conceito de interpenetração, de conexão universal, encontrado na religião oriental e na filosofia esotérica, tem repercussões na perspectiva moderna denominada de *holismo*. O conceito de holismo é debatido amplamente no mundo contemporâneo em muitos campos variados. Foi primeiramente definido como um processo universal pelo filósofo e estadista Jan Smuts em 1920. Foi extensamente desenvolvido por Ludwing von Bertalanffy, o eminente biólogo, e mais recentemente pelo Prêmio Nobel belga, Ilya Prigogine, que o estendeu para abranger princípios de auto-organização nas coisas vivas.

A Perspectiva Holística

O holismo não é uma teoria bem definida, mas constitui uma visão unificada, em níveis variados, que integra harmoniosamente muitas colocações centrais em uma visão global da unidade. Enfatiza a interdependência e natureza dinâmica dos sistemas e aponta para paralelos, conexões e unidades subjacentes. O filósofo britânico da ciência, L.L. Whyte, descreve a sua natureza hierárquica:

> "A visão holística... considera o universo como uma grande hierarquia de unidades, cada uma seguindo a sua própria trajetória de desenvolvimento histórico. Cada padrão, seja um cristal, um organismo, uma comunidade, o sistema solar ou uma nebulosa, possui a sua própria ordem interna e faz parte de uma ordem mais ampla, de modo que o universo é reconhecido como um Sistema de sistemas, um Grande Padrão de padrões."[3]

A partir dessa perspectiva, vemos toda a natureza consistindo de "todos" que se interligam. Um organismo – uma árvore, ou camundongo ou pessoa – consiste de estruturas complexas que são constituídas por unidades completas. Os átomos de qualquer corpo são integrais, coerentes, independentes até certo grau. Unem-se para compor moléculas, por sua vez também completas e integrais. Estas organizam-se nas organelas (corpos microscópicos dentro das células), as organelas organizam-se em células, as células em tecidos, depois órgãos, depois os sistemas que compõem o organismo biológico. Cada nível dos "todos" é constituído por "todos" menores e, ao mesmo tempo, serve como parte de "todos" maiores. A natureza nada mais mostra além de "totalidades" que são parte de outras "totalidades" ainda maiores. Elas compõem níveis, desde o simples ao altamente complexo, estando cada nível conectado e inter-relacionado com todos os demais níveis, compondo estruturas de níveis múltiplos, sistemas dentro de sistemas.

Esses "todos" são dinâmicos, reconfigurando-se constantemente na medida em que as mudanças em qualquer nível repercutem através dos demais. Nos sistemas biológicos podemos ver como os padrões em níveis superiores regulam os níveis inferiores, como as moléculas fazem mais do que interagir com outras moléculas próximas; comportam-se de uma maneira que atende as necessidades do organismo. Inversamente, células cancerosas desordenadas determinam o destino de todo o organismo. Níveis inferiores alimentam-se no dinamismo de todo o sistema, mesmo quando níveis superiores impõem seus padrões próprios.

Este processo de progressiva integração não pára no nível biológico. Organismos fazem parte de um todo social; as coisas vivas pertencem a famílias, comunidades, populações. Os seres humanos e outros animais sociais compõem grupos organizados – colônias, escolas, organizações comerciais, comunidades de todos os tamanhos e espécies.

Uma cidade como Nova Iorque pode ser encarada como um organismo gigantesco. A entrada de fontes de energia pode ser vista de forma dramática cedo pela manhã, quando longas filas de caminhões, transportando mercadorias para os moradores, aguardam para atravessar os túneis de acesso à cidade. A produção de refugos é óbvia durante uma greve do sistema de coleta de lixo, quando montanhas deste ficam empilhadas nas ruas. O refugo também atravessa o sistema do esgoto e eleva-se na atmosfera, e as árvores desempenham seu papel no sistema, absorvendo, obsequiosamente, muitos poluentes enquanto liberam oxigênio para o alento coletivo da cidade. Em cada nível há interconexões entre sistemas de uma cidade – como o sistema do fluxo de trânsito, o sistema educacional, o sistema econômico. Um sistema de trânsito deficiente faz com que organizações comerciais abandonem a cidade, o que terá impacto sobre o sistema econômico; o resultado será menor receita de impostos para o sistema escolar que, por sua vez, poderá então produzir menor número de operários qualificados para as atividades comerciais. Os hábitos, valores e estilos de vida de vários grupos afetam também os sistemas de muitas formas, tanto sutil como diretamente. A complexa unidade da cidade, feita pelo homem, exterioriza o princípio do holismo.

A perspectiva do holismo expressa-se em muitas áreas atualmente, sendo a mais conhecida delas a saúde. Nas práticas médicas holísticas, o paciente é visto como uma pessoa viva, total, em vez de ser portador de uma enfermidade, separada das várias outras funções. Fatores psicológicos e espirituais são tão importantes – até mesmo mais importantes – quanto a dieta e higiene na preservação da saúde. A terapia leva em conta a orientação total do paciente em relação à vida, não apenas à enfermidade localizada em alguma parte do seu corpo.

Pensadores eminentes de várias áreas de atividade basearam visões do mundo na perspectiva do holismo. Joseph Needham, um filósofo da ciência, fala da integridade e totalidade de cada indivíduo, bem como sobre as interconexões entre todos os seus componentes. Explica que a ciência moderna, juntamente com a sua filosofia de níveis integrativos e organismos completos, aproximou-se da antiga visão de mundo chinesa:

> "A cooperação harmônica de todos os seres surgiu não das ordens de uma autoridade superior, exterior a eles próprios, mas do fato de que todos fazem parte de uma hierarquia de totalidades, compondo um padrão cósmico, e aquilo que eles obedeciam eram os ditames internos de suas próprias naturezas."[4]

Teilhard de Chardin, paleontólogo jesuíta, estava profundamente convencido tanto pela ciência como pela filosofia de que o universo é um todo, algo inteiro. Vislumbrou-o como uma espécie de átomo gigantesco que não pode ser fracionado:

> "Quanto mais distante e profundamente penetrarmos na matéria, através de métodos progressivamente mais poderosos, mais somos confundidos pela interdependência de suas partes. Cada elemento do cosmos foi positivamente tecido por todos os demais... *É impossível cortar esta teia para isolar uma parte sem que ela fique desemaranhada e rasgada em todas as suas extremidades.*"[5]

Relações Multifacetadas

A partir da perspectiva holística nada pode ser visto isoladamente; tudo reflete e influencia tudo o mais. A analogia de Platão, representando o mundo como animal gigante, talvez capte a essência desta visão, na qual tudo se interpenetra de uma forma complexa. Em vez de elos rígidos interligados de forma linear, as coisas são como são em virtude das interconexões em vários níveis e em muitas dimensões. Isto se evidencia de forma mais dramática no desenvolvimento da personalidade. Vários fatores ambientais e relações impostas à criança exercem sua influência na modelação do seu caráter, enquanto a criança, por sua vez, afeta o seu ambiente.

Não apenas tudo se reflete no ambiente imediato, como há conexões com todo o mundo, com o universo. Uma guerra milhares de quilômetros distante, ou uma explosão no espaço exterior, repercute em nossa vizinhança, em nós, e, em alguma medida, contribui para aquilo que somos. Alfred North Whitehead, filósofo da ciência no início de 1900, falou assim dessas conexões:

> "...a união íntima das coisas envolve alguma doutrina de imanência mútua. Em algum sentido ou outro, esta comunhão das atividades do mundo significa que cada acontecimento constitui um fator na natureza de todos os outros acontecimentos... Estamos no mundo e o mundo está em nós."[6]

Embora freqüentemente possamos sentir-nos isolados e separados, temos sempre um rico inter-relacionamento com o mundo, com as pessoas, em todos os níveis do nosso ser. Poderíamos transformar a nossa visão de nós próprios e do mundo se pudéssemos aprender a treinar o nosso enfoque nas conexões, cultivando em nosso interior o espírito da unidade. Em vez de enfatizarmos distinções e o isolamento das coisas, poderemos encará-las como partes conectadas para formar um todo orgânico. Quando expandimos nossa consciência e focamos nesta direção em vez de no nosso aparente isolamento, poderemos começar a viver mais plenamente, de uma forma mais ampla.

A nossa imaginação pode nos levar ainda mais longe. Por exemplo, quando apreciamos algo belo, podemos também considerar as suas inter-relações. Uma árvore tem raízes fundas no solo que a sustentam, absorvendo água de fontes profundas, da mesma maneira que as folhas absorvem energia do sol. A árvore permuta grande volume de gases com a atmosfera, absorvendo dióxido de carbono e poluentes, liberando vapor d'água e renovando o ar com oxigênio. Fornece sombra e ninhos para os pássaros, pequenos mamíferos e insetos que também encontram alimento em seus frutos, nas folhas e na casca. A sua madeira é processada e transforma-se em móveis e outros itens úteis, e os seus frutos ou nozes podem ser transportados milhares de quilômetros, terminando em nossa mercearia. A árvore surge não em forma de beleza isolada, mas numa textura de muitos níveis de relacionamentos.

Objetos feitos pelo homem podem ser tratados de forma semelhante. Um vaso chinês tem conexões com a argila da terra, com o torno do oleiro usado universalmente, no qual foi configurado, com a cultura em que o artista viveu e com a sua interpretação pessoal.

As pessoas com quem contactamos diariamente abrigam em seu interior as atitudes e valores de suas famílias e ambientes culturais, a influência de sua educação, as pessoas importantes em suas vidas, e as idéias que assimilaram de muitas fontes. Não estamos diante de um indivíduo com limites rígidos e definidos, mas trata-se de alguém que constitui um sistema aberto e que canaliza muitas correntes, como também sucede conosco.

Se praticarmos exercícios mentais como esses, poderemos treinar nossas mentes para procurar as conexões e ver a ampla base e o ambiente de pessoas e objetos. Poderemos vir a compreender, nas palavras de H.P.B., que "...não se pode conceber nenhuma coisa manifestada a não ser como fazendo parte de um todo." Começamos a romper o hábito profundamente arraigado de dividir a realidade em compartimentos estanques e de perceber o mundo em unidades separadas.

Esses exercícios são técnicas que podemos usar para vivenciar o mundo de forma mais holística, para compreender que o nosso ser está mesclado de inumeráveis formas com outras pessoas e com o nosso meio ambiente. Poderemos encontrar muitas outras maneiras para ultrapassar o nosso sentimento de isolamento e vislumbrar-nos naquela grande unidade descrita por Hipócrates quando disse: "Existe um fluxo comum, um alento comum: todas as coisas estão em harmonia."

4

A Fonte Transcendental

O Universo, produzido do Ātman uno indiviso pelo infindável processo da manifestação, é um sistema unificado, um organismo majestoso, no qual o núcleo mais central, o Espírito e Eu oniabarcante é o único Ser permanente... todas as partes, todas as partículas são permeadas pela alma, pelo espírito, pelo Ser onisciente e transcendental que é Ātman.

J. C. Chatterji

A teosofia aponta para uma unidade mais profunda do que aquela que caracteriza as inter-relações entre as "totalidades" manifestadas. O ensinamento está baseado no conceito fundamental de uma unidade suprema na esfera invisível e transcendental. Tudo que existe em qualquer nível de existência surge dessa fonte numinosa, a fonte criadora subjacente à manifestação. Embora sendo ela própria totalmente imaterial, dá origem a todos os graus de materialidade. Da mesma maneira que as nuvens se formam a partir do vapor d'água invisível, assim todas as coisas condensam-se a partir deste princípio invisível. Ou, de acordo com o *Mandukya Upanishad,* "à semelhança de uma aranha que lança e recolhe a sua teia... assim o Universo é derivado do imutável Uno." O Uno "transforma-se no universo tecido de sua própria essência," nas palavras de H.P.B.

A experiência mística confirma o ensinamento esotérico de que, apesar das aparentes divisões no primeiro plano, esta esfera permanece completa e não-dividida. A sua totalidade está refletida nas interconexões entre todas as coisas manifestadas, que são percebidas no holismo. A coordenação de "totalidades" visíveis em toda a parte na natureza – a complexa teia de conexões – constitui a exteriorização no mundo da unidade básica da qual se originam.

A Fonte numênica e imaterial de tudo permanece para sempre una e não dividida, ao passo que as interconexões e a totalidade percebidas no mundo refletem esta unidade fundamental. Prem e Ashish a elas se referem como duas direções nas quais o mundo está interligado numa unidade – a vertical e a horizontal – como está expresso no antigo símbolo da cruz. A vertical representa a transcendência, a unidade entre o mundo e sua Fonte transcendental. A horizontal representa o Uno que permeia os muitos e a interligação de todos os fenômenos no mundo manifestado.[1]

Vimos que alguns cientistas passaram a reconhecer o holismo e o inter-relacionamento dos fenômenos que permeiam o mundo. Logo veremos como a Realidade fundamental e numênica é também admitida na física moderna.

A Raiz sem Raiz

Falando sobre esta Fonte transcendental, H.P.B. diz o seguinte, "...há Uma Realidade Absoluta que antecede todo Ser manifestado e condicionado. Esta causa Infinita e Eterna... é a Raiz sem Raiz de tudo que foi ou que jamais será."[2] Embora esta

Realidade "transcenda o poder da concepção humana e poderia ser apenas diminuída por qualquer expressão similar em nosso nível," ela usa palavras poderosas que nos auxiliam a vislumbrar algo de sua natureza assombrosa. Descreve-a como um "Princípio Onipresente, Eterno, Ilimitado e Imutável."[3] Cada uma dessas palavras pode servir de tema para meditação, na qual tentamos expandir nossa mente para compreender mais profundamente o que poderia ser a Realidade Una.

De acordo com os ensinamentos teosóficos, esta Fonte transcendental não é idêntica nem tampouco exaurida pela criação; apenas uma parcela do Todo torna-se envolvida no processo da manifestação. Poderia ser comparado a uma dançarina que expressa determinadas idéias e sentimentos na dança. Esta dança constitui uma expressão autêntica do potencial da dançarina que se revela nos movimentos. Ainda assim, permanecem amplas áreas que não se exteriorizam nesta performance – uma quantidade de idéias, sentimentos, movimentos, estilos, papéis, que a dançarina é capaz de desempenhar. Qualquer dança nada mais é senão uma manifestação parcial do potencial da dançarina. Talvez Krishna, representando o Uno, desejasse exprimir algo neste sentido ao dizer no *Bhagavad Gita*, "tendo permeado todo este Universo com um fragmento de Mim mesmo, eu permaneço."

De acordo com a filosofia esotérica, o Uno nunca está apartado do processo de manifestação de seres aparentemente separados. Ao contrário, o mundo é um aspecto essencial da unidade oniabarcante, uma parte integrante do Todo. A Realidade criadora fundamental não está situada fora do Universo que dela emerge, mas está presente em todas as partes, em todos os fenômenos transitórios, cada fragmento dependendo do Uno para a sua existência. Toda a natureza é o resultado e o reflexo do Uno, que é a sua base e está integrada naquela Unidade da qual nunca pode realmente estar separada.

Assim, o mundo da manifestação revela, em toda a sua variedade, aquilo do qual surge: "A raiz de todo átomo individualmente e de toda a forma coletivamente é... a Realidade Una."[4] E, novamente:

> "As Maravilhas do Espírito Uno da Verdade, a Divindade eternamente oculta e inacessível, podem ser desveladas e assimiladas apenas através de sua manifestação... Enquanto o Uno e a causa Universal precisam permanecer eternamente *in abscondito*, a sua múltipla ação pode ser acompanhada através dos efeitos na Natureza."[5]

Conquanto jamais possamos conhecer a Fonte Divina inacessível em sua pureza, podemos abordá-la em suas inumeráveis manifestações, quando "pulsa através de cada átomo e ponto infinitesimal de todo o Cosmos."[6] H.P.B. refere-se ao "Elemento Universal Uno que é infinito, imortal, não nascido" mas que surge em toda a parte na Natureza nos disfarces mais variados que são na realidade "múltiplos aspectos e transformações diferenciadas daquele Uno."[7] Esta Realidade fundamental tem a maravilhosa e paradoxal qualidade de ser simultaneamente o Uno e o muitos, embora os "muitos" manifestados exprimam apenas uma parcela reduzida do infinito potencial do Uno. Jacob Boehme expressou esta idéia, ao dizer que a Natureza ostenta a *Signatura Rerum*, o selo ou a assinatura do Eterno dentro das coisas. Jesus disse: "Levanta a pedra e me encontrarás, parte a madeira e lá estarei" (Evangelho de Tomé). O conceito do Divino na Natureza está formosamente expresso sob o ponto de vista oriental por J. C. Chatterji: "...o Universo, com tudo o que contém, é apenas um fluxo direcionado para o exterior e uma forma cristalizada da incessante e renovada alegria de *Brahman*."[8]

Se pudéssemos aprender a penetrar qualquer coisa com suficiente profundidade e com a mente tranqüila, ultrapassando a sua aparência e indo até a sua essência, poderíamos – ao menos momentaneamente – captar um raio de luz divina em seu interior. Em suas profundezas, a vida em tudo que existe *é* a Vida Una. Se pudermos perceber esta vida em uma pessoa ou em um objeto natural, poderemos compreender que ela também existe em todos e em toda a Natureza. Poderíamos redescobrir a visão mística de que, num nível profundo, a vida Una criadora tudo permeia com profunda alegria e paz.

Física e Misticismo

A ciência chegou a uma Realidade fundamental imaterial através de métodos mais objetivos. É surpreendente que a física, a "mais dura", mais rigorosa das ciências, tenha penetrado na matéria como normalmente a conhecemos e chegado a um mundo numênico e imaterial semelhante ao descrito por H.P.B. A visão poética, mística, da antigüidade parece localizar-se no pólo oposto da física moderna com seus aceleradores de partículas, câmara de bolhas e fórmulas matemáticas precisas. Não obstante, as duas visões se fundem. Fritjof Capra, estabelecendo paralelos entre a física moderna e a visão da realidade do místico, uma visão que se aproxima muito da teosofia, diz:

> "O místico olha para a realidade comum, do dia-a-dia, segundo um modo de percepção fora dos parâmetros normais e de alguma maneira percebe esta Realidade em sua verdadeira essência ou de uma forma mais fundamental, de um modo mais profundo. Os padrões e princípios de organização que emergem daquela experiência são muito semelhantes aos padrões e princípios

de organização que observamos na física quando analisamos as dimensões diminutas."[9]

Esta é uma reversão total da posição da física clássica, baseada nas visões mecanicistas e materialistas de Descartes, Galileu e Newton. Sob o predomínio da posição mecanicista, a ciência estava restrita a estudar apenas as propriedades de corpos materiais que poderiam ser quantificados e medidos. Pensava-se que compreender-se-ia melhor todos os aspectos de fenômenos complexos, inclusive as criaturas vivas, reduzindo-os às suas partes constitutivas e estudando as partes.

Operando a partir desta posição, os físicos do século XIX e do princípio do século XX sondaram o átomo como o fragmento básico, menor, do mundo material e procuraram minúsculos blocos construtores isoláveis com massa, que abrangem todas as coisas materiais. Esta busca conduziu-os a uma esfera totalmente inesperada, na medida que a materialidade se dissolvia diante de seu olhar.

Os físicos passaram a encarar os átomos não como fragmentos materiais de massa, porém como energia com cargas elétricas. Durante longo tempo, considerava-se que os elétrons, prótons e nêutrons eram os componentes absolutamente inalteráveis e indivisíveis da matéria. Mas as partículas esvaneceram-se como areia a passar por entre os dedos quando se descobriu que tinham um aspecto semelhante a ondas, aparecendo às vezes apenas como ondas e de modo algum como partículas. O núcleo, que contém essencialmente toda a massa do átomo, sob o efeito das experiências realizadas, dissolveu-se em inumeráveis partículas transitórias.

A moderna física nuclear, com seus aceleradores de partículas que as lançam ao redor de trajetórias próximas da velocidade da luz, e as câmaras de bolhas que possibilitam fotografar a tra-

A pintura de Pierre Maluc, denominada Apex, sugere o padrão dinâmico de energia subjacente ao mundo físico.

jetória de partículas que se movem em hélio líquido, descobriu centenas de partículas subatômicas, a maioria de duração extremamente curta. Estas decompõem-se rapidamente em outras partículas e verificou-se que qualquer tipo de partícula subatômica pode transformar-se em qualquer outro tipo. A palavra *partícula* adquire um significado novo. Não constitui uma unidade distinta e indestrutível com identidade consistente, mas um padrão dinâmico com determinada quantidade de energia que pode ser transformada em outras partículas. De acordo com alguns físicos, as partículas subatômicas não têm significado como entidades isoladas.

Esses pacotes de energia extremamente dinâmicos compõem estruturas atômicas e moleculares relativamente estáveis que se assemelham à substância moldada na forma de objetos. Mas a nível subatômico, nada há de substancial. A realidade subjacente ao mundo físico é um fluxo incessante de energia.

A nível subatômico, o mundo se configuraria como flechas luminosas, trechos claros emergindo das trevas, uma dança rítmica de pequenas cintilações.[10] A física mostrou-nos que o mundo dos sentidos constitui, em sua base, um fluxo de energia; os nossos sentidos mostram-nos apenas fantasmagorias, estruturadas em fundamentos bastante diferentes. Esta visão sustenta o argumento filosófico e religioso antiqüíssimo de que a experiência sensorial não é confiável, é enganosa, representa o *māyā*, ou ilusão, que não se coaduna com a realidade. Segundo a visão de Capra, a base do mundo físico mostra-se unificadora, um padrão de energia e não uma coletânea de coisas independentes e separadas.(*)

A insubstancialidade do nível subatômico, encontrada na física nuclear, poderia deixar-nos uma sensação de insegurança em

---

(*) (N.T.) A maioria dos físicos mais importantes subscreve o modelo *quark*, o qual supõe que as muitas partículas subatômicas que foram descobertas são compostas de unidades mais fundamentais, os *quarks*. Acredita-se que exista umas poucas variedades de *quarks*. Há alguma evidência para esta teoria, mas ela ainda não está definitivamente substanciada. O modelo *quark* contrasta com a "teoria dos tiras de bota" (*bootstrap*) apresentado aqui, que enfatiza interações entre partículas ao invés da questão da composição das próprias partículas.

fluxo instável. Não obstante, a física mostra-nos algo estável e fundamental que está subjacente a este movimento perpétuo. É o campo, uma constante imaterial por trás do mundo físico transitório. A Teoria dos Campos surgiu na física para explicar a ação à distância. O campo eletromagnético é bem conhecido através de seus efeitos sobre os ímãs e em vários fenômenos elétricos, e outros campos, como o gravitacional, também são familiares. Físicos contemporâneos descrevem as interações entre partículas subatômicas em termos de campos, combinando idéias da teoria clássica de campo com a teoria quântica (que se ocupa de pacotes de energia no nível subatômico). As partículas são vistas como condições locais e cambiantes no campo subjacente, contínuo, que é fundamental. Capra declara que o "campo quântico é visto como a entidade física fundamental: um meio contínuo que está presente em todo o espaço." Einstein diz o seguinte neste sentido:

> "Portanto, podemos considerar a matéria como sendo constituída pelas regiões do espaço nas quais o campo é extremamente intenso... Não há lugar neste novo tipo de física para o campo e para a matéria, pois o campo constitui a realidade única."[11]

Assim, as partículas são apenas condições transitórias no campo permanente, concentrações de energia que emergem do campo e nele tornam a dissolver-se. Verificou-se que surgem do "nada". Em outras palavras, o campo gera a matéria, faz com que surja de sua própria essência e a retrai para o "nada". De acordo com Capra, "o campo (ou o Vazio) não é um estado de "nada" absoluto (*nothingness*), mas contém a potencialidade para todas as formas do mundo das partículas. Estas formas, por sua vez, não são entidades físicas independentes, mas apenas manifestações transitórias do Vazio subjacente."[12] Na obra *A Voz do*

Silêncio, H.P.B. fala acerca do "vazio da plenitude aparente, a plenitude do aparente vazio".

Neste contexto da teoria do campo, como na física nuclear, o mundo colorido e variado que percebemos, que parece tão real, sólido e imediato, passa a ser uma manifestação passageira de um contínuo imaterial subjacente – o campo. A ciência confirma, agora, a insubstancialidade e transitoriedade do mundo, o que é um postulado há longa data defendido pelas religiões. Os objetos aparentemente sólidos e separados que experimentamos através dos nossos sentidos, não são realmente sólidos ou separados em sua essência, mas surgem da mesma unidade fundamental que é a Realidade primordial.

Durante séculos, a teosofia e filosofia oriental defenderam uma visão como esta. O novo conhecimento, oriundo da física, apoia e corrobora uma visão antiga. Provê, assim, uma dimensão adicional para a nossa compreensão da realidade fundamental, uma formulação precisa para uma intuição antiqüíssima. Embora não contenha todas as dimensões da realidade, a física moderna lança uma nova luz sobre nossa compreensão da Fonte transcendental.

F. L. Kunz, um pioneiro na divulgação de uma visão unitária, baseada na ciência, há muitos anos vislumbrou a relação entre a filosofia oriental e a física moderna. Percebeu a mudança fundamental na visão de mundo como conseqüência do conceito dos campos e seus paralelos com a teosofia e a filosofia oriental. Em sua visão ampliada dos campos, considerou que o campo fundamental afetava mais do que apenas o mundo da física. Viu-o como fonte duradoura e real de todos os fenômenos efêmeros que ocupam o primeiro plano no mundo, que são a sua expressão parcial: "...o cosmos material sensorial e o homem como criatura que nele se desenvolveu têm lugar em uma realidade totalmente imaterial que não é afetada pelas idas e vindas desses sistemas evolutivos."[13] O mundo que vemos é derivado deste domínio causal que direciona e rege o mundo natural, e as leis da natureza resultam de suas características e de sua estrutura. As coisas no primeiro plano são condições finitas, localizadas, do campo que é infinito, universal e contínuo através de todo o espaço.

Esta perspectiva dos campos, que antecede o interesse contemporâneo na totalidade, conduz a uma visão do mundo unitiva, que inclui uma ética e um modo de viver que leva em consideração a vida em sua totalidade. Nas palavras de Kunz:

> "Torna-se necessário que todos comecemos a pensar em termos de universalidade, um universo não localizado, não um universo que consiste de objetos percebidos como se coletivamente representassem o Todo. O Todo *é*, em sua própria essência, sendo imaterial (porém real), contínuo e caracterizável. De fato, determina aquilo que as coisas podem e não podem ser."[14]

Equiparou esta realidade fundamental com a visão indiana de *Brahman* e o Absoluto ou Realidade Una teosófica. Mais recentemente, Capra, também, estabeleceu paralelos entre a teoria do campo e conceitos orientais de um fundamento divino do qual se origina o mundo.

> "O *Brahman* dos hindus, o *Dharmakaya* dos budistas e o Tao dos taoístas talvez possam ser vistos como o supremo campo unificado, do qual se originam não somente os fenômenos estudados na física, mas também todos os demais fenômenos."[15]

O Modelo Holográfico

Recentemente, surgiu outro modelo na ciência que também é marcante em sua semelhança com a filosofia oriental e esotérica. David Bohm, físico teórico e ex-associado de Einstein, baseia este modelo nos princípios da holografia. Visualiza a realidade como um todo contínuo, contendo cada fragmento – cada célula, átomo, pequena porção de matéria – todo o universo, "um mundo em um grão de areia," nas palavras de Blake.

A holografia é um método de fotografia sem lentes. A sua característica mais incomum é que toda a imagem de um objeto está contida em cada fragmento da placa. No modelo do universo de Bohm, a imagem ou quadro holográfico é análogo ao mundo espaço-temporal dos sentidos, a esfera de objetos separados. Mas ao invés de constituir a realidade primeira, esta imagem é o resultado do padrão cambiante de luz que se reflete do objeto fotografado. A imagem que vemos seria o que Bohm chama de "ordem explícita" ou "ordem revelada", a manifestação espaço-temporal de uma realidade de uma outra dimensão mais profunda. Embora registrado na placa fotográfica, o padrão de luz, na realidade, existe apenas como ondas e freqüências. Este padrão é a chamada ordem "implícita" ou "envolta", na qual a imagem tem sua origem.

Os objetos e eventos na natureza não são apenas conduzidos pela luz, mas por feixes de elétrons, pelo som e por inumeráveis outros veículos. *Holomovimento* é o nome dado por Bohm à totalidade desses veículos da ordem implícita. É o movimento não-fragmentado, fluido, sempre cambiante de todas as freqüências: luz, som, feixes de elétrons, todos os campos, tanto os conhecidos como aqueles ainda por serem descobertos.

A televisão oferece uma analogia. A imagem visual da câmera no estúdio precisa ser traduzida em ondas de rádio que a transmitem até nossos lares. O padrão em ondas de rádio de modo algum possui correspondência total com a imagem visual. Não obstante, a imagem está, por assim dizer, envolta ou "implícita" nas ondas de rádio. Os nossos receptores de TV depois desdobram ou explicitam a ordem da imagem, tornando-a novamente visível ou manifestada.

Neste modelo holográfico vemos novamente o mundo que conhecemos emergindo de um princípio imaterial, neste caso, um mundo numênico e fluído de energia e de complexas freqüências que contém os padrões para tudo aquilo que dele se manifesta.

O *holomovimento* fundamental é muito mais amplo do que aquilo que é revelado ou manifestado no mundo. Nas palavras de Bohm, "... esta ordem implícita supõe uma realidade infinitamente além daquilo que chamamos matéria. A própria matéria nada é senão uma ondulação neste princípio... e o oceano de energia de forma alguma encontra-se basicamente no espaço e no tempo."[16] Segundo as palavras de Krishna no *Gita,* "tendo permeado todo este universo com um fragmento de mim mesmo, eu permaneço."

Enquanto Bohm estava desenvolvendo a sua teoria, Karl Pribram, pesquisador de cérebro em Stanford, também estava trabalhando em um modelo holográfico. Um impressionante volume de pesquisas de inúmeros laboratórios vem demonstrando que o cérebro, de alguma forma, analisa freqüências no tempo e no espaço, traduzindo-as na visão, audição, tato, etc. O cérebro, à semelhança de um holograma, distribui esta informação através do seu todo, de maneira que cada fragmento está codificado para reproduzir a informação do todo. Assim, Pribram passou a vislumbrar como uma holografia a "estrutura profunda" do cérebro: ele emprega um processo holográfico, fazendo uma abstração de um domínio holográfico. Depois que Pribram e Bohm desenvolveram independentemente a sua teoria própria, descobriram reciprocamente o seu trabalho e começaram a colaborar. O modelo holográfico que desenvolveram enfatiza a unidade e totalidade da realidade, que é o princípio básico dos ensinamentos teosóficos e da filosofia oriental.

Assim, a atualidade nos faz presenciar o momento histórico em que a física corrobora a existência de uma realidade imaterial da qual surge o mundo físico. Físicos com ampla visão até mesmo divisaram a magnitude desta realidade fundamental que a teosofia encara como algo que ultrapassa, amplamente, o alcance da física para abarcar todos os reinos da Natureza. Uma consideração dos aspectos universais primordiais na Natureza, como o espaço, tempo e movimento, poderá proporcionar-nos uma visão do caráter oniabarcante desta Fonte unitiva.

5

A Divindade do Espaço

Não há diferença entre o aforismo do Apóstolo Cristão "Nele vivemos, nos movemos e temos o nosso ser" (Atos XVII, 28) e do Rishi hindu "O Universo vive, procede de e retornará a Brahman"... O Deus do Apóstolo-Iniciado e do Rishi é tanto o ESPAÇO Invisível quanto o visível.

A Doutrina Secreta.

Movimento, espaço e tempo encontram-se entre o restrito número de postulados universais que ultrapassam todos os limites e englobam toda a existência. Místicos e cientistas encontraram dimensões dessas três realidades que se diferenciam, de forma dramática, da maneira em que comumente as vivenciamos, projetando-se de modo tão oniabarcante que se revestem de um aspecto divino.

Num primeiro olhar, espaço, tempo e movimento configuram-se como aspectos comuns do nosso mundo temporal. São tão abarcantes, constantes e familiares que nem mesmo os percebemos. Contudo, ao refletirmos, temos que admitir que nada existe que não esteja em movimento – perceptível na forma do salto de um gato ou imperceptível como o processo de lenta erosão de uma montanha, a dança dos átomos ou o giro orbital de planetas. O espaço, também, está em toda a parte – nas áreas cúbicas dos nossos quartos, na imensidão das distâncias galácticas, no reino ultramicroscópico das partículas subatômicas. O tempo faz parte intrínseca de toda a existência, o qual experimentamos como a pressão do momento ou a passagem de nossos dias e anos, como a idade do universo desde o seu começo ou os nanosegundos instantâneos das partículas subatômicas.

Cada um desses três aspectos da realidade pode ser visto sob múltiplas formas – tantas que dificilmente parecem estar inter-relacionadas. Sabemos bastante sobre cada uma delas a partir de muitos pontos de vista. Mas seja o que for que conhecemos e vivenciamos do movimento, espaço e tempo constitui apenas a aparência externa do mistério subjacente e mais profundo desses três aspectos, pois a teosofia nos ensina que eles são atributos da Realidade imaterial, do Uno. Na obra *A Doutrina Secreta,* H.P.B. proclama que eles são os três aspectos do Absoluto, a Fonte primordial de tudo. Nas *Cartas dos Mahatmas*, escrita pelos instrutores de H.P.B., esses três aspectos são apresentados, eles próprios, como a Realidade que gera todas as coisas: "...todos os fenômenos procedem do espaço, duração e movimento infinitos."[1] Em sua forma infinita e ilimitada, movimento, espaço e tempo são idênticos àquele fundamento que dá origem a todos os fenômenos no primeiro plano do nosso conhecimento e experiência. São universais, eternos, sempre presentes, divinos.

Analisaremos cada um desses três aspectos da Realidade como se nos afiguram em nossa experiência e também como são percebidos no pensamento moderno. Desta maneira, tentaremos vislumbrar a Realidade metafísica subjacente ao movimento, espaço e tempo que conhecemos no mundo e veremos se é possível, em alguma extensão, vivenciar o seu aspecto sublime.

A filosofia oriental e a teosofia colocam o Espaço Supremo como se lançasse sua sombra para formar o nosso mundo de tempo e espaço. As inúmeras variedades do espaço que vivenciamos originam-se deste Espaço Universal e o refletem. Em *A Doutrina Secreta*, ele é simbolizado como Espaço Escuro, não o espaço brilhante do mundo manifesto, mas as misteriosas profundezas das quais este último se origina. Esta matriz escura foi comparada com a nossa mente inconsciente, da qual emerge a luz da nossa consciência desperta.[2] Neste Espaço não-diferenciado e ilimitado não existem dimensões, direções, não existe interior nem exterior, não existe aqui e acolá. É a profundidade e amplitude da qual surgem as direções do espaço, o contínuo adimensional do qual despontam as dimensões espaciais. Assim, o Espaço, no sentido metafísico empregado por H.P.B., é a "única coisa eterna" que "foi e sempre será".

Experimentamos muitas expressões deste panorama de Espaço Universal. Em décadas recentes, ficamos impressionados com a exploração do espaço exterior – homens caminhando na lua, sondas penetrando até planetas distantes, naves deslocando-se em vôos orbitais ao redor do planeta. Temas sobre o espaço no cinema, ficção, até mesmo na publicidade, estimulam e refletem este interesse. Imagens do céu noturno com inúmeras galáxias ou da terra, vista da lua, ficaram gravadas em nossa mente subconsciente, de sorte que a perspectiva do espaço exterior começa a influenciar todo o nosso pensamento.

Também ouvimos falar de estrelas milhares de vezes maiores do que o nosso sol, de galáxias centenas de milhares de anos-luz distantes, o espaço infindável que se curva sobre si mesmo e se expande numa velocidade inimaginável, à semelhança do exterior de um balão cósmico que está sendo inflado. Na medida em

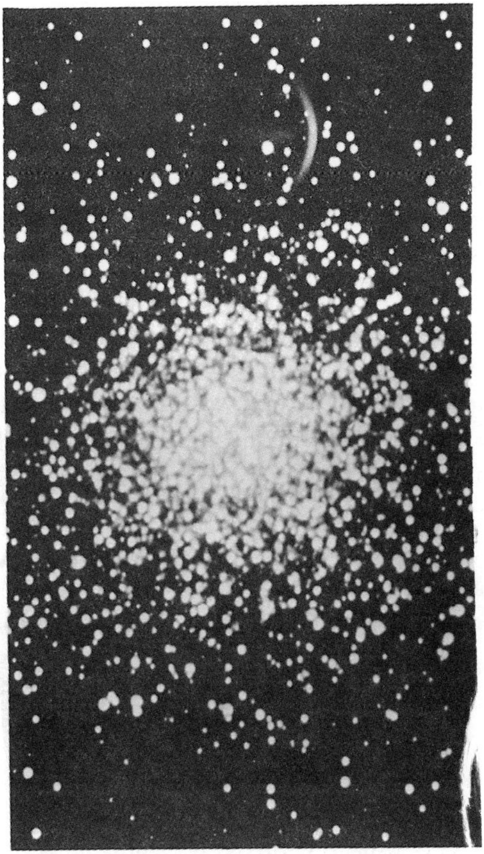

que aprendemos mais e mais sobre espaço externo, ele se torna até mesmo mais misterioso e intrigante.

Além do chamado do espaço exterior, o espaço mais próximo ao nosso redor oculta um mistério que nos resta explorar. O espaço sempre se imprime em nossa consciência em formas subliminares, e a sua natureza parece modificar-se na medida em que o experimentamos a partir de pontos de vista diferentes. O confinamento que sentimos em um elevador contrasta acentuadamente com a liberdade que experimentamos no interior do país ou no campo aberto; as limitações de um vale nos afetam de forma diferente da sensação de amplidão que vivenciamos no topo de uma montanha. Algumas pessoas ficaram gravemente enfermas em conseqüência do seu temor da altitude ou de espaços muito restritos e fechados.

Geralmente consideramos o espaço como um vazio que contém diferentes coisas em seu bojo – cadeiras, casas, cidades. Também o vivenciamos como veículo através do qual as coisas se movimentam; continuamente o atravessamos quando caminhamos, cavalgamos e voamos. Na qualidade de distância entre locais, o espaço é difuso e tem direções. Mapas baseiam-se nesta propriedade direcional do espaço. Mas a distância e direção não são importantes para o espaço dentro dos objetos. O vazio interior está em toda a parte e pode constituir o aspecto essencial – o espaço dentro de um lançador de bolas, dentro de um sapato, dentro do nosso estômago ou pulmões.

O espaço para o pintor, artista ou arquiteto e paisagista constitui um fundamento para a composição, uma fronteira, na qual podem colocar-se elementos em equilíbrio artístico. Para o cientista, conceitos do espaço estão ocultos em complexas fórmulas matemáticas. O espaço é flexível, cambiante e caracteriza-se por uma habilidade versátil de apresentar-se sob muitas formas.

Perspectivas Espaciais

É enganadora a nossa maneira habitual de percebermos o espaço através da perspectiva tridimensional. Cada um de nós está no centro de um círculo, a partir do qual a distância crescente faz as coisas aparecerem cada vez menores. Somos o ponto de referência da distância; vemos o espaço retrocedendo de nós. Somos o centro do nosso universo. Isto reforça o nosso egocentrismo arraigado que conduz a uma sensação de isolamento. Mas as fotografias da lua ou do espaço interestelar transmitem-nos uma perspectiva bem diferente, apontando-nos o nosso lugar relativo em uma imensidão onde é difícil manter uma auto-preocupação exagerada. Aqui, também, as fronteiras que experimentamos no espaço – nossa pele, nosso lar, nossa cidade, estado, país, até mesmo continente – passam a ficar destituídos de importância diante da vastidão. A distância inimaginável entre as estrelas e galáxias também nos mostra a proporção relativa do espaço em relação à matéria no universo, sendo o espaço muito mais extenso do que a matéria que encerra.

Quando prosseguimos até a esfera do minúsculo, também encontramos o espaço preponderante. Lembramos que até mesmo nos materiais sólidos e rígidos, como o granito, há espaço entre as moléculas. Um átomo é basicamente espaço vazio. Se o núcleo fosse amplificado para o tamanho de uma semente de uva, os elétrons circulariam ao redor do astródomo. Se o núcleo fosse amplificado até o tamanho de uma ervilha, o núcleo mais próximo estaria aproximadamente 0.6 milhas distante*. Existem espaços até mesmo no núcleo aparentemente concentrado. Se uma esfera com a circunferência do tamanho de uma oração nesta página estivesse composta de núcleos que se tocassem reciprocamente, a esfera pesaria mais do que um milhão de toneladas. Segundo as estimativas dos astrônomos, toda a matéria da terra, integrada em um buraco negro de núcleo adensado, ocuparia aproximadamente uma polegada cúbica. O mundo ilusoriamente sólido é basicamente espaço vazio.

Einstein forneceu-nos uma visão bastante diferente do con-

* (N.T.) Aproximadamente 965 metros

ceito ingênuo de objetos ocupando espaço vazio, estático. O espaço de Einstein não é uma caixa vazia que permanece inalterada não obstante seu contéudo. Não existe espaço absoluto, um meio fundamental inerte que permanece estático e inalterado. Einstein mostrou-nos o espaço como algo dinâmico, tendo sua forma modificada por aquilo que está dentro dele, e esta forma, por sua vez, afeta aquilo que está sucedendo. Em sua Teoria Geral da Relatividade, ele defendeu o postulado de que grandes volumes de matéria perceptivelmente deformam o espaço. Este passa a ficar curvado ao redor de corpos maciços como o sol, como a malha de rede é deformada quando atingida por uma bola de vôlei. Esta curvatura é aquilo que faz os planetas e satélites moverem-se ao longo de órbitas circulares. Van Gogh inconscientemente antecipou esta idéia ao pintar o céu com curvaturas acentuadas a envolverem o sol ou as estrelas. No Universo einsteiniano, a matéria estrutura o espaço, e este determina o movimento da matéria. O espaço é um meio ativo, estruturador, com aspectos dramáticos, e não se pode separá-lo da matéria.

Einstein ampliou nossa visão ainda mais, mostrando como espaço e tempo estão inter-relacionados, compondo um contínuo espaço-temporal quadridimensional, acrescentando, assim, uma outra dimensão ao mundo. John Wheeler, que foi citado como "o grande homem da física teórica," ainda foi mais longe e concluiu que o espaço possui um número infinito de dimensões. Contemplando a física, ele achou que deveria haver um "superespaço" além da esfera quadridimensional, possuindo um número infinito de dimensões." O palco em que o espaço do universo se movimenta certamente não é o próprio espaço... A arena deverá ser um objeto maior: o superespaço"[3].

A teosofia nos ensina que até mesmo este espaço ampliado de Einstein ou Wheeler constitui apenas a expressão exterior do Espaço Universal da metafísica. Escrevendo antes da época de Einstein, H.P.B. implicitamente expressou que o espaço possui mais do que quatro dimensões, quandc a ele se referiu como tendo "sete peles", e, em outra parte, como adimensional. Inspirados por *A Doutrina Secreta,* Prem e Ashish escreveram sobre este espaço ilimitado: "...o espaço-tempo 'curvo' quadridimensional da experiência constitui um envoltório limitado dentro do espaço extremamente adimensional e atemporal da Matriz..."[4]

Este Espaço abstrato, a simbolizar o Uno Absoluto, é imutável. Todas as explosões violentas de estrelas que nascem e morrem, da vida que surge e declina, das paixões, tragédias e êxtases hamanas de modo algum afetam este fundamento imutável. Diferente do espaço de Einstein, o Espaço Universal é "imóvel em sua abstração e não influenciado pela presença ou ausência nele de um universo objetivo"[5]. É atemporal. Épocas da história, vidas individuais, planetas, estrelas, galáxias vêm e vão, enquanto o Espaço Abstrato Absoluto permanece para sempre. Representa o "vazio ilimitado" que tudo contém, seja manifesto ou não. Neste sentido, é vacuidade ilimitada e eterno.

Não obstante, o Espaço Universal não é apenas o recipiente: é o gerador de toda a manifestação. Vimos que as partículas podem surgir de um campo fundamental. A teosofia nos ensina que toda a manifestação emerge do Espaço aparentemente vazio, como espuma da água, segundo dizem os *Upanishads*. Incontáveis universos sucedem-se sem exaurir seu infinito potencial. Este Espaço também constitui a plenitude condicionada, um Pleno, pois nele reside o potencial de tudo que é, foi ou será. H.P.B. comparou o Espaço com o "Todo Absoluto". Neste sentido, pode ser identificado com a Consciência indiferenciada, conforme analisaremos no Capítulo 10, que trata da polaridade. Na concepção teosófica, o Espaço – a Fonte divina de toda a existência – encontra-se eternamente subjacente ao surgimento e desaparecimento dos mundos, sendo o fundamento estável a sustentar aquilo que é transitório. É aquela Realidade numênica da qual tudo se origina e na qual eventualmente tudo se retrai. Joseph Campbell, uma autoridade em mitologia, poderia estar referindo-se ao conceito teosófico do Espaço ao escrever:

> "Expressa resumidamente, a doutrina universal ensina que todas as estruturas visíveis do mundo – todas as coisas e seres – são os efeitos de um poder onipresente do qual surgem, que as sustenta e alimenta durante o período de sua manifestação, e no qual finalmente terão de dissolver-se."[6]

Apesar das inúmeras facetas que o espaço nos mostra, não existem vários espaços distintos. Toda a nossa experiência é permeada pela dimensão do Espaço Universal, chamado de Grande Espaço pelo instrutor tibetano Tarthang. O espaço temporal comum que experimentamos constitui uma expressão daquele vasto princípio cósmico que jaz em seu coração. Geralmente não nos damos conta desta infinitude porque o nosso enfoque está direcionado para uma perspectiva mais restrita, mas podemos aprender a ampliar o horizonte da nossa visão.

A meditação pode ampliar e expandir a nossa mente, de modo que, num certo sentido, o Grande Espaço passa a ser uma realidade para nós. O céu, uma grande expansão do vazio, é um símbolo natural do Espaço. Olhando para o céu em uma noite límpida, captamos algo da imensidão e infinitude do Espaço incomensurável. A vastidão visível do céu que vislumbramos transmite-nos uma mensagem de algo que está além, algo ainda mais vasto – um contínuo interminável que se estende eternamente, muito além de qualquer galáxia visível.

Ao contemplar o Espaço durante a meditação, é possível captar este sentimento de expansão. Na nossa imaginação, podemos novamente projetar-nos, mergulhando naquela imensidão. Se depois retornarmos para os espaços familiares ao nosso redor – perceptíveis em nossos prédios, salas, ruas, pátios – poderemos compreender que, embora constituindo espaços fragmentados, mesmo assim são permeados pela imensidão do Grande Espaço. Embora aparentemente confinados, de modo algum são separados daquele contínuo não-fragmentado, sem fronteiras.

Podemos também treinar-nos para não mais olhar apenas para os contornos superficiais dos objetos que os distinguem em sua forma concreta. Podemos pensar nos espaços dentro dos objetos, em seus vazios, os espaços entre as suas partículas que também fazem parte do Espaço. A separação distinta entre os objetos e o seu fundamento então se dissolverá e veremos que o Espaço penetra em toda a parte e através de tudo que existe. Em formas que acompanham este raciocínio, poderemos cultivar a consciência do Espaço e aprender a vê-lo sempre ao nosso redor e dentro de nós. Então, o Grande Espaço não mais será uma abstração distanciada de nossas vidas, mas passa a ser uma realidade que nos envolve e sustenta em todos os momentos de nossa vida.

6

A Pulsação Rítmica do Cosmos

O atributo absoluto da Vida Una que, em Si Mesma, é Movimento eterno, incessante, na linguagem esotérica é denominado de o "Grande Alento", que é o perpétuo movimento do universo, no sentido de Espaço ilimitado, sempre onipresente. Aquilo que é destituído de movimento, não pode ser Divino. Mas, na Alma Universal nada existe que seja absolutamente destituído de movimento.

A Doutrina Secreta

O Movimento é inelutável. Para onde quer que olhemos, em qualquer nível da existência, nada poderemos encontrar que esteja paralisado ou em repouso. No mundo natural, o crescimento imperceptível de árvores e a gradual decadência das rochas constituem, com idêntica certeza, movimento assim como o tremular ao vento das folhas do álamo, a queda da neve ou o alegre bater palmas de mãos infantis. Os nossos próprios processos internos também fluem continuamente. O coração bombeia o sangue interminavelmente até as nossas células, que estão em constante atividade, absorvendo nutrientes, expelindo matéria residual, dividindo-se e auto-reproduzindo. Os materiais de todos os nossos tecidos estão em constante mudança, alguns com espetaculares taxas de crescimento e de renovação. Também os nossos pensamentos e sentimentos estão se movendo e modificando constantemente, como podemos perceber claramente quando procuramos aquietar a mente na meditação.

O mundo astronômico é até mesmo mais dramático em sua atividade contínua, freqüentemente impetuosa. Mesmo quando o nosso planeta se desloca celeremente ao redor do sol e este se movimenta através de nossa galáxia, todos os corpos astronômicos cortam o espaço a velocidade incríveis.

As crianças incorporam o movimento perpétuo do Universo.

Estrelas, incluindo o nosso próprio sol, continuamente dão origem a imensas explosões de energia atômica a partir do núcleo de seus átomos. Galáxias de raios-x, tão quentes que dissolvem núcleos atômicos, emitem radiação de intensa energia, algumas liberando um bilhão de vezes mais energia do que o nosso sol.

Quer o percebamos ou não, o mundo ao nosso redor, e nós próprios, estamos permanentemente em um estado de movimento constante, agitado ou reprimido, que continuará para sempre.

Durante milhares de anos, a filosofia da Índia soube que o movimento constitui a essência da existência. Falando a partir deste ponto de vista, o pensador indiano J. C. Chatterji disse: "Nada existe que seja totalmente estável, nada que seja realmente permanente em todo o universo manifestado, que nada mais é senão um conjunto de 'acontecimentos' que se sucedem de forma interminável... e tudo nele se movimenta e modifica continuamente..."[1].

A mudança contínua também é um axioma fundamental de *A Doutrina Secreta*. H.P.B. nos ensina que "o movimento é eterno," que há movimento incessante através das distâncias incomensuráveis da infinitude. Estabelece uma distinção – e ao mesmo tempo uma conexão – entre o Movimento abstrato como um princípio eterno e os movimentos que conhecemos na Natureza. A "Existência (*Be-ness*) metafísica Una e Absoluta", ou Realidade, é simbolizada de duas formas: Espaço abstrato absoluto e Movimento abstrato absoluto, chamado de o Grande Alento. O Movimento abstrato é transcendente, constituindo um aspecto do Uno, não sendo diferente da Fonte transcendental subjacente a tudo. "Movimento intracósmico", que é eterno e incessante, é comparado com "movimento cósmico... aquilo que está sujeito à percepção e, portanto, é finito e periódico. Como uma abstração eterna o Movimento é Sempre-Presente; como uma manifestação, é finito."[2] Como sucede com o espaço, esta contraparte numênica do movimento constitui a Fonte de todos os movimentos que experimentamos e que a ciência investiga. Assim, a teosofia percebe as variedades do movimento na natureza como expressões e variações de um ritmo numênico. As incessantes mudanças do mundo ao nosso redor, e dentro de nós, derivam seu ímpeto da eterna pulsação cósmica da Fonte Transcendente.

Pouco pode ser dito sobre o Grande Alento numênico "aquilo que é e, contudo, não é... que apenas podemos caracterizar como existência absoluta, mas que não podemos visualizar em nossa imaginação sob uma forma de existência que pudéssemos distinguir."[3] A Realidade numênica está além do alcance do pensamento humano. Não obstante, a ciência e a teosofia muito têm a dizer sobre o movimento incessante no universo e concordam a respeito de alguns pontos essenciais.

Movimento: Físico e Metafísico

Falando de movimentos no mundo material familiar, H.P.B. declara que "é uma lei fundamental do Ocultismo que não há repouso ou cessação de movimento da Natureza."[4] Falando a partir do ponto de vista da física moderna, Fritjof Capra declara que "a matéria jamais está inerte, porém sempre em um estado de movimento."[5] A física mostrou que a própria matéria é inconcebível sem movimento. Antecipando esta visão, embora escrita no fim do século 19, em uma época em que a matéria era considerada morta e inerte e necessitava de energia para colocá-la em movimento, a obra *The Mahatma Letters* (As Cartas dos Mahatmas) afirma: "Nenhum átomo encontra-se jamais em um estado de repouso absoluto."[6] Einstein também reconheceu que vivemos em um universo dinâmico, no qual tudo está em constante movimento. O autor Serviss descreve assim a visão de Einstein:

> "...um universo no qual tudo tivesse uma tendência a parar o seu próprio movimento, em breve viria a ser um universo morto, destituído de qualquer vida ou de qualquer atividade. Mas as investigações científicas mostram que nas coisas infinitamente pequenas, como também nas coisas infinitamente grandes, *tudo é mo-*

> *vimento*... não encontramos *nada* em repouso.
> Sendo assim, diz Einstein, realmente o movimento deverá ser considerado a condição natural e real da matéria, um estado de coisas que não requer explicação de nossa parte, visto surgir da própria constituição do universo. É a própria essência da existência."[7]

A teosofia concorda com a física que o movimento não é imposto por qualquer força externa, como se supunha na física newtoniana, mas constitui uma característica da própria matéria. Enquanto Capra defende a posição de que "as forças responsáveis pelo movimento não estão fora do objeto, porém constituem propriedade intrínseca da matéria"[8], *The Mahatma Letters* sustenta que "o movimento é uma forma de existência que flui, necessariamente, da própria essência da matéria."[9] A física e teosofia concordam que o movimento está integrado na própria estrutura fundamental do universo, nos átomos que constituem a sua base. Não pode haver mundo material sem movimento.

Do ponto de vista da metafísica teosófica, o movimento constitui não apenas característica essencial de todas as coisas materiais, mas também representa a base das inúmeras formas de energia no mundo. O movimento pode ser considerado como a fonte primária da qual surge um número de diferentes formas de energia, como a luz branca é a fonte das cores do arco-íris. *The Mahatma Letters* expressa a visão teosófica da relação entre o movimento e os diferentes tipos de energia:

> "...uma vez que o movimento é oniabarcante, sendo inconcebível o repouso absoluto, sob qualquer forma de *máscara* que o movimento possa surgir, seja como luz, calor, magnetismo, afinidade química ou eletricidade – todos estes devem ser senão fases de uma única e

mesma Força universal onipotente que simplesmente chamamos de "Vida Una", a "Lei Una" e o "Elemento Uno."[10]

A busca, na física moderna, de um campo unificado que interliga a gravidade, todas as forças eletro-magnéticas e a energia nuclear, sugere que os cientistas, desde Einstein, dão crédito a este conceito de uma Força unificada, conforme preconizada na filosofia esotérica.

Como já foi dito, não é apenas o mundo dos átomos e partículas subatômicas que está em movimento constante. Objetos, vidas e seres em todos os níveis sempre estão em movimento, estão mudando. Capra diz: "O cosmos é visto como uma realidade una, sempre em movimento..."[11]. *The Mahatma Letters* aponta para efeitos de longo alcance do movimento na formação do mundo como o conhecemos: "É ao movimento, com seus resultantes conflitos, neutralização, equilíbrio, correlação, que é devida a infinita variedade que predomina"[12].

Ritmo e o Grande Alento

H.P.B. descreve os inúmeros ciclos em toda a Natureza como estando baseados no movimento pulsante e rítmico, subjacente a tudo (Capítulo 12). A sua imagem do movimento eterno, subjacente aos ciclos, é o Grande Alento, "o Alento da Existência Una," enquanto que o movimento "é o seu equivalente no plano material."[13] Na Natureza, os ritmos e ciclos são periódicos; vão e vêm, mas o "Movimento numênico é eterno no imanifestado."[14] Assim, surge um quadro de uma pulsação perene, eterna no cenário imaterial, em relação ao qual ressoa uma miríade de ritmos e de pulsações no mundo – "a eterna pulsação, o arquétipo de todos os ritmos no universo."[15]

Vemos reflexos desta pulsação universal em ritmos terrenos tais como aquele do limo que cresce nas florestas. O protoplasma desta simples forma de vida não está confinado em células, mas flui livremente em pulsações rítmicas, em vaivém, de modo sempre repetido, em uma batida regular. Outro reflexo deste tipo da pulsação universal surge no desenvolvimento de um embrião. Filmes mostram uma pulsação na área toráxica de um ser embrionário bem antes da formação do seu coração. Toda a respiração, as pulsações, ritmos e movimentos do mundo natural na Terra ou nos espaços siderais constituem variações da mesma pulsação universal que lhes dá origem. Assim, o pensamento teosófico investiga o movimento universal até as suas profundezas na Realidade numênica, que não é mecânica e morta, mas sim a Vida Una, pulsando continuamente através de todo o tempo e espaço.

O movimento refletido desta pulsação cósmica interna pode variar de intensidade em diferentes ocasiões, na medida em que universos e ciclos atravessam suas várias fases. Nas palavras de Prem e Ashish:

> "Para todo o sempre, aquela Vida pulsa no coração de tudo que é. O seu ritmo eterno e incansável é às vezes forte e às vezes fraco, à medida que os ciclos percorrem seu curso determinado, porém nunca cessa completamente."[16]

Assim, de acordo com a teosofia, os universos surgem e desaparecem, mas o movimento pulsante do Uno nunca é paralisado, mesmo durante os intervalos em que nada está manifesto e quando não há objetos nem universo material, mas apenas a Vida homogênea nas trevas e no silêncio. As Estâncias de Dzyan, na obra *A Doutrina Secreta*, descrevem um estado pré-cósmico quando a "Vida pulsava inconscientemente no Espaço Universal." Torna-se quase impossível imaginarmos o movimento e ritmo em um estado de inércia absoluta, sem nada para mover-se. Contudo, o alento eterno continua. Chatterji compara este estado a "um fluxo sem ondas, como pode ocorrer no oceano." Quando surgem os multifários universos, o fluxo continua, mas irrompe em correntes, "dando origem a todo tipo de remoinhos, ondulações e ondas que são objetos diversificados."[17]

A música dos templos do Tibete exemplifica esta relação entre um ritmo e múltiplos ritmos. A longa trombeta é soprada continuamente, o seu som profundo reproduzindo um *Om* ininterrupto. Os sons de diferentes instrumentos elevam-se acima deste e expressam-se através de diferentes melodias, ritmos e configurações de sons, porém, finalmente, retornam para o *Om* imortal.

Também em nós produzem-se contracorrentes, porém raramente harmonizadas como na música. Grande parte do tempo podemos sentir-nos intranqüilos, desconcertados e dispersos, como se vários ritmos conflitantes estivessem atuando dentro de nós, como em águas turbulentas. Em outras ocasiões, particularmente se meditamos, a turbulência cede, e as águas de nossa psique tornam-se calmas. Tal tranqüilidade pode surgir da prática *yóguica* de conscientização de nossa respiração ou de ouvir os ritmos internos, como o pulsar do coração, ou cantando o *Om*. Em momentos de intensa tranqüilidade, quando o alento tornou-se profundo e lento, e o som do *Om* se dissipou, algumas pessoas que meditam relatam a sensação de um pulsar interno lento e continuado, que não é qualquer ritmo corpóreo, mas uma silenciosa e serena pulsação de um nível mais profundo da consciência. Como a marcação do tempo que unifica os instrumentos da orquestra, esta pulsação básica pode harmonizar todos os níveis do nosso ser em um fluxo sincrônico. Tal experiência na meditação pode auxiliar-nos a compreender o processo cósmico, no qual um único ritmo fundamental está manifesto, dando origem aos inúmeros ritmos diversos no mundo.

7

Tempo e Atemporalidade

Kronos representa a Duração infinita, portanto imóvel, sem começo nem fim, além do Tempo dividido e do Espaço.

A Doutrina Secreta

Em suas "Confissões", Santo Agostinho disse que sabia o que era o tempo quando ninguém lhe perguntava a respeito, mas não sabia quando lhe solicitavam que o explicasse. Se alguém nos perguntasse: "O que é o tempo?" – também poderíamos ficar desconcertados. Nós o conhecemos intimamente como tempo do calendário, tempo para jantar, para um encontro, o tempo que levamos para escrever uma carta ou para chegar ao trabalho. Conhecemos o tempo como diversão, lazer, os anos de nossas vidas, as épocas históricas. Ouvimos falar acerca da imensidão de anos-luz na astronomia e dos fugazes nanosegundos na física nuclear. A nossa experiência da passagem do tempo é familiar e universal, mas raramente paramos para pensar no que o tempo realmente é. Passado, presente e futuro estão arraigados em nossa concepção do mundo; pressupomos que descrevem o tempo. Mas somos propensos a considerá-los pelo que aparentam ser, sem investigar a sua verdadeira natureza.

H.P.B. nos diz que "nossas idéias... sobre a duração e o

tempo surgem, todas, de nossas sensações, de acordo com a lei de associação, inelutavelmente vinculada à relatividade do conhecimento humano."[1] Isto, segundo H.P.B., seria inadequado para exprimir as nuanças e sutilezas do tempo, como são expostas na filosofia esotérica. Passado, presente e futuro são categorias grosseiras, produzidas pela mente, através dos quais vivenciamos os eventos em sucessão, "a sucessão panorâmica de nossos estados de consciência."[2] Os três são divididos um do outro, sendo "compostos" apenas em relação ao plano fenomênico, mas na esfera numênica, não têm... validade."[3] No mundo numênico transcendente, inexiste o tempo no sentido de nossas experiências seqüenciais. Não existe movimento do passado para o presente ou para o futuro, pois "o Tempo Passado é o Tempo Presente, como também o Futuro, o qual, embora ainda não tenha surgido na existência, ainda assim é."[4]

Uma tal idéia de todos os eventos existindo simultaneamente em um estado atemporal poderá ser incompreensível para as nossas mentes finitas. Consideraremos posteriormente este conceito e tornaremos mais explícito o ensinamento de H.P.B., como também exploraremos a sua relação com a física moderna. Por ora, será suficiente compreender que o tempo, à semelhança do espaço e do movimento, tem raízes no número, onde sua forma é muito diferente de sua aparência no nosso mundo familiar. H.P.B. equipara o tempo com o espaço e ambos com a Realidade imaterial, subjacente a toda a existência. "Espaço e Tempo são unos. Espaço e Tempo são inomináveis, visto serem o incognoscível AQUILO."[5] Embora possa ser inominável a fonte do tempo, ela lhe dá uma designação – Duração.

H.P.B. concebe o tempo no mundo manifestado diferentemente do fluxo linear, unidirecional, produzido pelas nossas mentes. Ela fala repetidamente de ciclos, do periódico surgimento e desaparecimento de universos e seres que atravessam estágios de desenvolvimento, para depois retornarem ao ponto de partida, apenas para repetirem o padrão, como pode ser ilustrado pelo processo da floração e sementeira. Esta visão cíclica, típica da filosofia oriental, sempre ressurge em *A Doutrina Secreta*, que visualiza a manifestação, em todos os níveis, como periódica, recorrente, como um efluxo e retorno rítmicos (Capítulo 12). Toda a natureza – desde universos e galáxias até vaga-lumes e células – opera neste princípio que também é o padrão para o crescimento e desenvolvimento humano.

Tempo: Linear e Cíclico

Entretanto, a nossa experiência comum do tempo contrasta com a atemporalidade oniabarcante da Duração e também com a visão cíclica. Para nós o tempo se apresenta como um rio que flui do passado para o futuro. Os eventos parecem ocorrer em uma sucessão infindável de momentos que se deslocam diante de nós. O presente imediato parece ter surgido do passado e estar desaparecendo no futuro, sempre na mesma direção – para a frente. Passado-presente-futuro são também divididos em intervalos separados, aglomerados de tempo que diferenciam o fluxo linear, uniforme, tornando-o mais manuseável. Medimos esses segmentos com relógios e calendários e programamos nossas vidas e atividades correspondentemente. Somos dominados pelo relógio mais do que nos damos conta. Fragmentamo-nos em unidades de tempo medido.

Subconscientemente achamos que o rio do tempo terá de fluir a um ritmo constante. Este conceito, baseado na visão newtoniana do universo, influencia perfidamente a nossa atitude em relação à vida. Podemos achar que o tempo está chegando ao fim e que precisamos nos apressar para realizar todas as coisas, acumulando tudo, até o ponto de produzir uma claustrofobia no tempo, um sentimento de opressão quanto à brevidade do tempo. Esta sensação de urgência acelera processos corporais – taxa cardíaca, respiração, produção de determinados hormônios, elevação da pressão sangüínea – e pode resultar naquilo que o Dr. Larry Dossey denomina de "doença da pressa" – cardiopatias, alta pressão sangüínea e derrame, ou depressão do sistema imunológico, que resulta em infecções, até mesmo câncer. Não há dúvida que uma ansiedade vinculada ao tempo tem o poder de matar.[6]

De acordo com o lingüista Benjamin Whorf, os índios Hopi têm uma visão bastante diferente do tempo, a qual está mais em harmonia com o caráter atemporal da Duração. Não têm substantivo para *tempo* e nenhum conceito de algo que flui para a frente ou que está dividido em segmentos. Ao contrário, de acordo com Whorf, há um conceito geral de mudança, de coisas permanentes, de um evento seguindo a outro, de um posterior crescimento, um conceito muito semelhante ao de Henri Bergson que concebeu o tempo como um fluxo não-segmentado: "...o tempo verdadeiro, não-cronológico, consiste de um presente que flui, continuado e eterno, que contém em si o seu próprio passado."[7] Segundo esta visão, o tempo é um contínuo no qual se dissolvem as linhas demarcatórias entre passado, presente e futuro. Vinculado ou não a conceitos lingüísticos, um sentido de fluxo permite-nos transcender as pressões das unidades temporais, penetrando numa corrente de tempo na qual nossa vida pode mover-se harmoniosamente. Ele reflete a totalidade da Duração.

O Tempo da Mente

H.P.B., juntamente com muitos filósofos, viu que o tempo, como uma sucessão de eventos, como uma seqüência, é no mínimo tanto propriedade de nossas mentes como uma parte da realidade. Nós percebemos de forma seriada e classificamos em passado, presente, futuro, enquanto que os eventos simplesmente "são". O tempo é uma generalização, um conceito que abstraímos da experiência concreta. Depois lhe atribuímos vida própria, uma realidade toda sua, como se tivesse uma existência separada de nossa experiência de eventos. Em contraste com a noção de que o tempo flui a nossa frente, que permanecemos estacionários, "deixados para trás" pela sucessão de eventos, H.P.B. diz que "o 'tempo' é apenas uma ilusão, produzida pelos sucessivos estados de nossa consciência, à medida que *atravessamos* a Duração Eterna (ênfase da autora)."[8] A nossa forte tendência de ordenar as coisas em seqüência atua sobre nossas percepções do mundo, e o nosso sentido de tempo linear fragmenta o panorama ininterrupto de mudanças entremescladas da natureza, que é percebido mais claramente pelos Hopi.

Quando sonhamos ou vivenciamos fantasias, ou estamos mergulhados em pensamentos, o tempo pode ser expandido ou ampliado, de maneira que minutos ou segundos podem parecer horas ou horas que passam de relance. A sensação da passagem rápida ou lenta do tempo pode resultar de fatores físicos tais como temperatura corpórea, temperatura do ar, café, chá, álcool, bem como de fatores psicológicos, como tédio ou interesse. Com que freqüência sentimos que a semana de trabalho como que se arrasta, enquanto que os fins-de-semana "passam voando"! A "progressão ordenada, militar, do tempo medido", é muito diferente do "tempo ilimitado da mente", para usar as expressões de Bergson. Para alguns, o tempo normalmente parece fluir mais lentamente do que para outros, e, diariamente, flutuamos em nossa percepção do ritmo do fluir do tempo. Momentos há quando o tempo é uma corrente a deslocar-se celeremente montanha abaixo, e, depois, é como um rio sereno a esgueirar-se por entre a planície. Nenhum dos padrões está "correto"; o tempo não possui velocidade absoluta. Mas a "pressa" demasiada pode ser prejudicial e o ritmo mais lento pode ter efeito curativo.

As crianças sentem-se à vontade com o tempo não-linear; ao brincar, parecem abolir o tempo medido. Através de um processo de bio-realimentação (*biofeedback*), meditação, jogos criativos e técnicas correlatas, nós também podemos modificar a nossa sensação do tempo e torná-la mais lenta, tendo-se verificado que os processos biológicos então também se tornam mais lentos de uma maneira saudável.

A "doença da pressa" pode ser revertida, expandindo a nossa percepção do tempo de uma visão crônica e agitada de um fluxo inexorável para uma sensação ampliada do tempo. Isto pode ser feito através das chamadas "terapias de tempo", como são denominadas pelo Dr. Dossey, como a visualização e fantasias, bio-realimentação, hipnose e meditação. Nessas experiências, o passado, presente e futuro se fundem em uma libertação das pressões do tempo, sendo quebrado momentaneamente o domínio auto-imposto do tempo sobre nossas vidas. Essas práticas também tendem a modificar o nosso conceito linear do tempo como avançando inexoravelmente para a frente. Podemos aprender a romper os grilhões do tempo linear e vivenciar um "presente em fluxo eterno", talvez sentindo algo da atemporalidade da Duração.

Quando não mais dominados pelo tempo do relógio, pelo tempo linear, vivemos mais em harmonia com o tempo em seu aspecto cíclico. Com as pessoas que vivem próximas da Natureza, os ciclos da Natureza – as estações, dia e noite, fases da lua, enchentes da primavera – e os ciclos em nosso interior – vigília-sono, respiração, menstruação – desempenham uma parte importante na vida. O senso do tempo para tais pessoas é moldado por eventos recorrentes, suas vidas são ordenadas por ritmos naturais, como o plantio, colheita e a ordenha, em vez de relógios e a segmentação artificial do tempo. O tempo afigura-se para essas pessoas como um processo dinâmico interminável, a retornar continuamente para si mesmo, uma espiral em vez de um rio. O ritmo natural do viver no tempo cíclico representa preservar o princípio dos ciclos, grandes e pequenos, que a teosofia e a filosofia oriental vêem como que circulando por toda a realidade manifestada. Viver em harmonia com os ciclos é estar em harmonia com a natureza do universo.

Relatividade

Não é apenas a nossa percepção do tempo que varia; o próprio tempo é inconstante. A Teoria da Relatividade de Einstein mostra que o tempo não é absoluto; torna-se mais rápido e também mais lento. Sabe-se que corpos maciços curvam o espaço e defletem a luz, como também tornam mais lento o tempo. A intensa atração gravitacional, vinculada aos buracos negros, faz com que o tempo se movimente progressivamente de forma mais lenta, até que pára totalmente na superfície do "buraco".

O efeito da gravidade pode ser calculado na Terra por relógios atômicos, que medem com precisão de um segundo num milhão de anos. Verificou-se que esses relógios operam um pouco mais rapidamente quando são instalados no alto de um prédio, em vez do nível do mar, onde a atração gravitacional é maior. O movimento também afeta o tempo: a altas velocidades, o tempo passa a ser mais lento. Isto foi destacado por Einstein em seu famoso experimento do "pensamento", em que um irmão, navegando ao redor do universo em uma nave espacial, envelhecia muito menos do que o seu outro irmão em casa, na terra. Isto é devido ao fato de que as partículas subatômicas, movendo-se próximas da velocidade da luz, têm vida mais longa do que suas componentes correspondentes mais lentas. Estas mudanças na taxa do tempo não são apenas psicológicas e tampouco processa-se qualquer mudança no mecanismo do relógio. O tempo é efetivamente relativo ao movimento e a curvatura do espaço.

O tempo também depende da velocidade e posição do observador ou corpo referencial. A relatividade do tempo está bem estabelecida na física de altas energias. Quando interagem as partículas que se deslocam próximas da velocidade da luz, pode parecer que um evento ocorra mais cedo a partir de um ponto de referência próximo, e mais tarde num ponto de referência distante. A seqüência de eventos variará de acordo com o tempo necessário para que a luz do evento atinja o observador ou ponto de referência. O conceito de aceleração e diminuição da velocidade do tempo é algo que estimula o nosso pensamento. Confirma nossa experiência subjetiva, no sentido de que o tempo não flui a uma taxa rígida e determinada, mas é variável, dependendo das circunstâncias.

Duração Ilimitada

A Teoria da Relatividade surgiu depois da época de H.P.B. Expondo a filosofia esotérica, ela considerou o tempo multidimensional, com muitos aspectos dependendo do nosso nível de observação. As nossas idéias sobre o tempo, originadas de nossas sensações, estão "inelutavelmente vinculadas à relatividade do conhecimento humano,"[9] e essas idéias desvanecer-se-ão quando evoluirmos ao ponto de ver além da existência meramente fenomênica.

A Duração ilimitada, ou atemporalidade, além da relatividade, é o "Tempo incondicionalmente eterno e universal," o número do tempo, não condicionado pelos fenômenos que surgem e desaparecem periodicamente.[10] A duração é "eterna e, portanto, imóvel... sem começo, sem fim, além do Tempo dividido e além do Espaço."[11] É este aspecto da Realidade que produz o tempo como "a imagem móvel da Eternidade", nas palavras de Platão. Os ciclos de manifestação ocorrem dentro desta Duração infinita à medida que o Atemporal dá origem ao tempo. Assim como ocorre com o espaço e movimento, o nosso mundo familiar de tempo dividido, de tempo com partes, é gerado deste reino indiviso e informe.

A Duração abarca tudo simultaneamente, ao passo que o tempo experienciado precisa arbitrariamente conformar-se à nossa visão seqüencial de uma coisa de cada vez. É difícil imaginar a realidade como um todo presente simultaneamente na Duração, porque as nossas mentes são parte do processo do tempo. A atemporalidade escapa-nos. H.P.B. oferece analogias para ajudar a nossa compreensão. Explicando o aspecto eterno do mundo, ela diz: "A pessoa ou coisa real não consiste apenas naquilo que é visto em qualquer momento específico, mas é constituída da soma de todas as suas diferentes e cambiantes condições, desde sua aparência em forma material até o seu desaparecimento da Terra."[12] Ela compara este somatório com uma barra de metal lançada ao mar. O momento presente de uma pessoa, ou coisa, é representado pela seção transversal da barra, no local em que se encontram o oceano e o ar. Ninguém diria que a barra tivesse surgido na existência no momento em que tivesse deixado o ar ou que tivesse deixado de existir quando entrou na água. Assim, surgimos do futuro para mergulhar no passado, momentaneamente apresentando uma faceta de nós mesmos no presente.

Os físicos modernos reconhecem este princípio, quando representam as partículas por linhas de mundo, diagramas de movimento através do espaço-tempo. Essas linhas mostram a direção e velocidade das partículas e fornecem uma imagem mais significativa do que seria o caso com um mero ponto, indicando senão um momento fugaz no caminho da partícula.

Partindo para uma visão mais ampla deste conceito, a fim de

incluir o mundo, o matemático Hermann Weyl declara que "uma seção do mundo desponta para a vida como uma imagem fugaz no espaço que continuamente muda no tempo."[13] David Bohm, falando a partir da perspectiva do modelo holográfico, diz que o tempo como um todo pode ser envolvido em um período dado de tempo. O físico Henry Margenau vislumbra um domínio, em que tudo o que experimentamos seqüencialmente existe ao mesmo tempo em uma essência atemporal ou consciência universal.

> "Creio que em um sentido universal que está acima do tempo, todos os eventos são presentes e reais agora... Movemo-nos através do Todo, vislumbrando-o através de uma janela com uma estreita fenda que se desloca ao longo do eixo do tempo. O místico talvez não tenha janela e esteja indiscriminadamente exposto ao registro universal do Todo ou, para usar a frase de Whitehead, o depósito da memória universal de Deus."[14]

Esses conceitos, extrapolados da matemática e da física teórica, fazem lembrar a essência atemporal que H.P.B. denominou de Duração. Neste domínio, o passado, presente e futuro sempre são; eles "penetram na corrente do tempo a partir de um mundo exterior eterno", segundo a descrição de Bertrand Russel.[15] Os eventos naturais existem concomitantemente neste "mundo exterior", mas encontramo-los através das nossas mentes atadas ao tempo, em uma série ordenada de segmentos individuais de espaço-tempo. Não podemos divisar o todo, mas apenas diferentes partes, uma após a outra. I.K.Taimni, que escreveu sobre metafísica teosófica, percebe que "é este processo de ver diferentes partes de um todo em sucessão que produz o sentido do tempo."[16] Poderíamos imaginar o tempo linear como uma maneira com que nossas mentes finitas quebram a totalidade da Duração, fracionando-o em segmentos que podemos reter e manusear.

A visão do passado, presente e futuro como sempre existentes poderia sugerir determinismo, à semelhança de um filme cinematográfico que apresenta quadro por quadro no tempo, mas com os eventos rigidamente predeterminados. Mas não é a esta implicação que se pretende chegar. De acordo com a filosofia esotérica, a existência permanece fluida e dinâmica – não é fixa e predeterminada. Outra analogia poderia ser uma sinfonia que existe, completa, em um estado atemporal. Mozart dizia que a sua mente podia abarcar uma composição recém elaborada "de relance" – e não as suas várias partes em sucessão, mas tudo em sua inteireza. Nós apresentamos a música de forma seqüenciada, um movimento cada vez, compasso por compasso, nota por nota. Mas cada performance é única. Os regentes impõem as suas interpretações individuais. O ritmo varia. O imprevisto acontece: o membro de uma orquestra fica doente e precisa ser substituído no último minuto; o solo de uma flauta faz-se presente em forma diferente de qualquer apresentação prévia; um tambor perde o rufar. Não existe um padrão de eventos rigidamente predeterminados na performance, porém, mesmo assim, a sinfonia permanece como um todo em sua natureza essencial. Talvez, de uma maneira algo semelhante, a existência está envolta na Duração como um todo e se desdobra seqüencialmente no tempo, e a exteriorização permite determinado grau de autonomia, de liberdade. Pode ser algo como um arquétipo, um padrão ou matriz imaterial que, embora ele próprio imutável, pode gerar várias formas, cada qual única, porém todas refletindo a estrutura arquetípica (Capítulo 11).

Transcendendo o Tempo

Às vezes vislumbramos este domínio atemporal onde o passado, presente e futuro se fundem em uma unidade, em que o futuro "que, embora ainda não se tenha concretizado na existência, ainda assim é."[17] A surpreendente precisão que às vezes encontramos em prognósticos, na precognição de eventos futuros, ou nos casos eventuais, realmente autênticos, de memória de vidas passadas, apontam para um mundo que se situa além da nossa atual estrutura temporal. O mistério da sincronicidade, como Jung a denominou, a ocorrência simultânea de eventos significativos e inter-relacionados, também nos conclama a adortarmos uma visão mais ampla sobre o tempo e a causalidade. Dois eventos, aparentemente separados, um interno e outro externo, convergem em um momento significativo para nos proporcionar visão e crescimento. Por que encontraríamos, acidentalmente, um velho amigo que passou pelos problemas que agora enfrentamos, ou encontraríamos casualmente um livro que encerra em seu bojo a chave para a questão que nos tem preocupado? Essas experiências fazem-nos sentir que não vivemos em um universo frio e mecânico, mas que as nossas vidas têm significado. Nas palavras da psicóloga junguiana Jean Shomoda Bolen:

> "Se pessoalmente compreendemos que a sincronicidade está atuante em nossas vidas, sentimo-nos ligados ao invés de isolados e alienados reciprocamente; sentimos que somos parte de um universo divino, dinâmico e inter-relacionado."[18]

A sincronicidade é outra forma na qual o todo atemporal penetra na seqüência de eventos que integram nossa experiência. Nas palavras tão bem formuladas do orientalista Ananda Coomeraswamy, o tempo que conhecemos, o finito, "não é o oposto do infinito, mas apenas, por assim dizer, um extrato dele."[19]

Uma característica universal da experiência mística é a transcendência do tempo, o sentimento da libertação da temporalidade. Em momentos de unidade mística, uma pessoa está perdida em profundezas atemporais que parecem ilimitadas, imóveis. Para tal pessoa, esta infinidade do tempo existe no presente imediato, em um eterno agora, não em um tempo linear, seqüencial, que se esgotará, mas em um "ponto de encontro entre o mortal e o imortal, o tempo e a eternidade," segundo as palavras do poeta Yeats. Nessa experiência da Duração, o agora e o mil anos distante são essencialmente idênticos; de alguma forma, ambos estão aqui e agora na "simultaneidade da Eternidade... em que nenhum evento tem um 'quando', mas existe 'sempre' e 'agora' ".[20] O Todo está em cada momento, como se a linha do tempo ampliado se fragmentasse para compor um único ponto que envolve cada segmento da linha. Em tal momento, "o Passado e o Futuro, o Espaço e o Tempo, desaparecem e tornam-se... o Presente," nas palavras de H.P.B.[21]

Os místicos informam que, em comunhão com a Realidade além do tempo, sentem-se envoltos pela quietude. Cessa o fluxo e movimento do tempo e sentem-se como que suspensos em um universo eterno e imutável de atemporalidade, absorvidos na natureza imutável da Fonte Transcendente. Embora jamais possamos alcançar ou compreender este estado com as nossas mentes seqüenciais, há em nós, no íntimo do nosso ser, aquilo que está além do tempo. Temos a habilidade de perceber um estado atemporal, pois nós mesmos somos essencialmente atemporais. Surgimos da Duração e expandimos as nossas linhas do mundo no tempo e no espaço. Mesmo assim, no âmago, nunca estamos apartados do "ponto tranqüilo do mundo que gira", segundo a descrição de T.S. Eliot. Mesmo quando vivemos nossos dias e atravessamos a sucessão de eventos que compõem nossas vidas, "de modo algum jamais estamos no tempo, visto que até mesmo agora estamos na Eternidade."[22] Pelo cultivo do silêncio, da meditação, poderemos vir a compreender a nossa natureza verdadeira, atemporal, e aprender a harmonizá-la com o mundo do tempo que corre em nós. Quando aquietamos o fluxo do tempo, vislumbramos nossas raízes no Uno atemporal.

A Unidade do Movimento, Espaço e Tempo

Momentos há em que o movimento, o tempo e o espaço não mais parecem separados e distintos, e sua unidade torna-se aparente. Na nave espacial, segundos podem significar deslocamentos sobre vários países; momentos medidos evidenciam-se dramaticamente em forma de movimento através do espaço. Ou, quando olhamos para o céu em uma noite límpida, sem luar, sabemos que a luz das estrelas que vemos viajou centenas de milhares de anos-luz de fontes que talvez nem mais existam. Contudo, em apenas um momento, somos capazes de registrar o resultado da luz, a mover-se por distâncias e tempo inimagináveis. O tempo, o espaço e o movimento não apenas parecem estar inter-relacionados, mas afiguram-se como formas bastante diferentes de encarar os mesmos eventos.

Einstein mostrou a união do tempo e do espaço em um contínuo quadridimensional. A linha do mundo de partículas está a ilustrar este ponto; a sua posição no espaço depende do tempo e vice-versa. O tempo e o espaço são inelutavelmente entrelaçados e interdependentes; somente uma união dos dois pode ter realidade independente. Esta união pode ser conhecida diretamente na meditação. O instrutor Zen Suzuki disse: "Como um fato de pura experiência, não existe espaço sem tempo, não existe tempo sem espaço; eles se interpenetram."[23] Lama Govinda, um erudita budista tibetano, fala sobre a experiência na meditação "de um contínuo vivo, no qual o tempo e espaço estão integrados."[24]

O movimento também constitui parte intrínseca desta unidade espaço-tempo. O tempo não pode ter significado sem algo acontecendo, sem movimento. O mundo em um estado imóvel seria como o mundo da Bela Adormecida, no qual as pessoas congelavam, e o tempo ficava paralisado. Aristóteles viu que o tempo é uma propriedade do movimento. Para o físico, o tempo e espaço são coordenadas de um evento, de alguma forma de movimento. Vimos que o tempo depende da taxa do movimento. Próximo da velocidade da luz, o ímpeto do tempo se reduz, e aumenta para taxas de movimento mais lentas. O tempo é o produto do movimento no espaço.

H.P.B., relacionando o movimento no plano material ao seu aspecto numênico, o Grande Alento, indica-o como a raiz do tempo. Ela fala do Grande Alento como a Existência Absoluta. Assim, o movimento está envolvido com o tempo ilimitado, o qual, com o Espaço infinito – em suas palavras – é a fonte de toda a existência. "O espaço e o tempo constituem, simplesmente, as formas DAQUILO que é o Todo Absoluto."[25] A rica variedade no mundo ao nosso redor é tecida a partir dos três filamentos entrelaçados de movimento, espaço e tempo. Tudo o que existe depende desses três aspectos.

Esses não são princípios metafísicos abstratos, divorciados da nossa realidade prática. Interpenetram nosso mundo familiar em todos os pontos. Operam constantemente em nossos corpos e representam a base de todos nossos processos mentais. E dentro de nós, como dentro do universo, há profundezas atemporais, ilimitadas, de quietude, pois "no próprio âmago do nosso ser encontra-se Aquilo que está além de todo o espaço e tempo, Aquilo que foi, é e para sempre será."[26]

II

O UNO EM EXPANSÃO

8

Os Dois em Um

O Espírito (ou consciência) e a Matéria devem ser... considerados não como realidades independentes, mas como as duas facetas ou aspectos do Absoluto... que constituem a base do Ser condicionado, seja subjetivo ou objetivo.

A Doutrina Secreta

Vivemos em um mundo de contrastes – luz e sombra, montanhas e vales, exaltação e abatimento, crescimento e decadência. A rica variedade na Natureza e na nossa própria vida interior resulta de distinções e de oposições. Sem estas, a vida seria homogênea, desinteressante, faltar-lhe-ia cor e contraste, seria uma experiência tediosa, sem alegria ou sofrimento.

Embora tudo o que exista seja uma expressão de uma unidade fundamental, isto não explica que todas as coisas são iguais e similares. Contínuo e indiferenciado em si mesmo, o Uno mesmo assim contém a possibilidade de todas as diferenças e opostos, uma infinidade de relacionamentos. Aqui, ao nível da manifestação, a unidade expressa-se como um equilíbrio dinâmico, uma interação em permanente deslocamento entre componentes desiguais, mas que, mesmo assim, mantém a harmonia e a totalidade dentro do processo de mudança e crescimento. Em toda a parte há unidade na multiplicidade. Os nossos corpos são um exemplo da interação de uma variedade de sistemas orgânicos especializados e de processos que cooperam como um todo. O mundo maior também é um sistema vivo único. Nas palavras de Fritjof Capra: "O cosmos é visto como uma realidade única, em permanente movimento, viva, orgânica, espiritual e material ao mesmo tempo."[1]

Polaridade Interna e Externa

Este equilíbrio dinâmico baseia-se no princípio da polaridade, uma característica fundamental do Uno que permeia tudo o que existe. O mundo ao nosso redor está cheio de opostos: dia e noite, masculino e feminino, vida e morte, amor e ódio, inspiração e expiração – a lista poderia continuar infinitamente. A polaridade também permeia a nossa percepção do mundo e o nosso pensar. Vemos o mundo em termos de contrastes. A polaridade é um aspecto sempre presente de nossa experiência.

Todavia, nem sempre compreendemos que nós próprios, nas nossas percepções, estamos permeados pela dualidade. Sempre quando nos tornamos conscientes de um objeto fora de nós ou de um pensamento no nosso interior, experimentamos a polaridade básica da existência. De modo sutil, sem compreendermos o que está ocorrendo, a noção do eu, a nossa consciência, é apartada do objeto ou pensamento de que estamos conscientes. Esta divisão entre a nossa consciência e o seu contéudo, sujeito e objeto, permeia toda a nossa experiência e, em um nível profundo, influencia o nosso conceito mais básico daquilo que somos.

H.P.B. atribui todos os graus e formas de consciência ao espírito: "Ao Espírito pode-se referir qualquer manifestação da consciência." Assim, *espírito* e *matéria*, *consciência* e *matéria*, *sujeito* e *objeto* – todas são expressões sinônimas. Ao espírito não é atribuído um valor maior do que à matéria, que é o seu oposto. De acordo com todas as escolas de filosofia esotérica, eles são iguais e ambos são básicos, tendo suas raízes na própria natureza da Fonte Transcendental. Nas palavras de H.P.B.: "... os pólos opostos de Sujeito e Objeto, Espírito e Matéria, constituem os dois aspectos da Unidade Única, na qual estão sintetizados..."[2]. Ambos os pólos são essenciais à manifestação; um não poderia existir sem o outro.

O Contínuo da Consciência

A consciência, como um dos pólos sempre presentes, origina-se da Realidade Una, que em si mesma pode ser considerada como um contínuo da Consciência. Nesta forma primordial e pura, a Consciência é ilimitada, homogênea, infinita, como o Espaço, mencionado em *A Doutrina Secreta*" como "a Causa eterna, sempre presente, de tudo."[3] A infinidade do Espaço pode ser equiparada com a infinidade da Consciência. Assim, a Consciência no sentido mais amplo, como um contínuo, é o Uno subjacente aos opostos polares do espírito (ou consciência em um sentido mais estreito) e a matéria; o Contínuo ilimitado da Consciência é o númeno da consciência que comumente experimentamos. A Realidade Una, o Absoluto "é o *campo* da Consciência Absoluta, isto é, aquela Essência que está fora de toda a relação com a existência condicionada e da qual a existência consciente constitui um *símbolo* condicionado."[4]

Embora o Uno Transcendente seja homogêneo e não-dividido, a Fonte inescrutável de tudo, mesmo assim ele não está desprovido de aspectos. Deles H.P.B. mostra-nos alguns vislumbres. Ela equipara esta Realidade imaterial com o Espaço Universal, que gera o espaço; com o Grande Alento, que dá origem ao movimento; com a Duração, o pai do tempo. Vemos aqui outro dos potenciais do Uno – Consciência, da qual emanam o espírito e a matéria, a nossa consciência comum dos objetos, bem como os próprios objetos. A Consciência como o Uno é consciência sem um objeto, não é consciência de alguma coisa, visto não haver objeto naquele nível, consciência pura, livre, mas que contém em seu bojo a possibilidade da separatividade, da objetificação. A Consciência como este Uno indiviso constitui a Fonte da nossa consciência das coisas, dos objetos, que produzem o nosso sentido de multiplicidade. Quando as nossas mentes subdividem o Espaço em pequenas áreas e a Duração em tempo medido, assim o contínuo não-fragmentado da Consciência passa a ficar preso em nossos sistemas nervosos e expressa-se em sensações como "minha consciência" e "sua consciência."

Os Pólos como sendo Interdependentes

No mundo manifestado, os dois pólos de consciência e matéria estão entrelaçados, de forma inelutável, em todos os pontos. O espírito ou consciência, no sentido comum, não pode existir sem estar baseado em algum grau de materialidade e, de acordo com o ensinamento esotérico, toda a matéria possui algum grau de consciência.

> "Não pode haver manifestação de Consciência, semiconsciência ou até mesmo "propósito inconsciente", exceto através do veículo da matéria... Ambos estes aspectos do Absoluto... são mutuamente interdependentes."[5]

H.P.B. simboliza a relação entre os dois pólos da existência em termos sexuais. Referindo-se ao Uno em si mesmo, ela diz, "o

Espaço (ou Consciência) é chamado de Mãe antes de sua atividade cósmica, e Pai-Mãe no primeiro estágio do seu redespertar."[6] Ela fala do Pai como a raiz da consciência e da Mãe como o receptáculo ou matriz, a raiz do lado material do mundo. E novamente ela apresenta a Mãe (*Mulaprakriti*, em sânscrito) como uma espécie de véu que é lançado sobre a Realidade absoluta.

A obra *A Doutrina Secreta* explica que, ao se polarizarem ou afastarem os dois aspectos da dualidade primordial, por assim dizer, a tensão reinante entre eles forma um campo que dá origem ao universo, a toda a manifestação. A força real subjacente à criação é uma alternância rítmica de tensões entre os pólos, uma relação pulsante entre espírito e matéria. Este conceito está poeticamente expresso nas Estâncias de Dzyan, nas quais *A Doutrina Secreta* se baseia:

> "Pai-Mãe tecem uma teia, cuja extremidade superior está presa no Espírito – a luz das trevas – e a extremidade inferior está presa na sua ponta sombria, a matéria; e esta teia é o universo, tecido das duas substâncias unificadas."[7]

O mistério sobre a forma em que a tensão entre os dois pólos dá origem ao mundo da multiplicidade, com sua infindável variedade, é tema fecundo para contemplação. Um ímã comum nos dá indicações sobre a dinâmica desta polaridade fundamental. As fortes atrações e repulsões do campo que envolvem um ímã governam o comportamento das partículas de ferro espalhadas pelo campo, e elas assumem um padrão e organização. Talvez, de modo semelhante, o universo latente no Uno adquira forma através da interação dinâmica dos dois pólos de espírito e matéria.

Vimos que estes pólos existem em nós, entrelaçados na base do nosso ser. H.P.B. explica que a nossa consciência origina-se do espírito (o Pai) e está envolta em vários veículos de variada densidade que se originam da Substância Cósmica (a Mãe) (capítulo 17). Qualquer pensamento, sentimento, sensação que podemos experimentar resulta de uma mescla dos dois pólos de consciência e matéria, sujeito e objeto. Nós, como o experimentador consciente, sentimo-nos separados do objeto de nossa experiência. Identificamo-nos com um eu interno, uma consciência íntima que se separa dos objetos externos e até mesmo dos nossos pensamentos e sentimentos. Mesmo assim, os dois pólos de sujeito e objeto em nosso interior são mutuamente interdependentes; um não poderia existir sem o outro, da mesma maneira como o pólo positivo de um ímã não poderia existir sem o negativo. Ambos os pólos permeiam toda a nossa experiência.

Podemos sentir a interação perpétua entre os pólos em nós mesmos. Sempre que movemos um músculo, a nossa consciência intervém no mundo da matéria. A interação entre consciência e matéria é subjacente a toda a nossa experiência sensorial – visão, audição, tato, etc. As impressões que atingem os nossos órgãos dos sentidos disparam impulsos elétricos e químicos que se deslocam ao longo dos nervos para o cérebro. Talvez o maior mistério de todos para os psicólogos é a maneira com que estes impulsos se traduzem em experiência consciente, de modo que conscientemente vemos, ouvimos ou sentimos os estímulos externos. Mas esta interação da consciência e matéria continua dentro de nós constantemente. A ciência médica está tornando-se progressivamente ciente do efeito da consciência sobre o corpo e a saúde. Pressão sangüínea elevada, úlceras, epilepsia, enxaqueca e câncer são apenas algumas das enfermidades que podem responder às chamadas "terapias da consciência", tais como bio-realimentação, visualização e meditação, nas quais mudanças na consciência afetam o processo da enfermidade.[8]

A Consciência na Matéria

A mescla dos pólos é encontrada em toda a Natureza. De acordo com *A Doutrina Secreta*, tudo é uma combinação de espírito ou consciência e matéria. Até mesmo a chamada matéria inerte possui um grau de consciência ou de responsividade.

> "Tudo no Universo, através de todos os seus reinos, é consciente, isto é, possui uma consciência de sua própria espécie e em seu próprio plano de percepção. Nós, homens, precisamos lembrar-nos de que somente porque *nós* não percebemos quaisquer sinais que possamos reconhecer – de consciência – digamos, em pedras, não temos direito de dizer que *lá não existe nenhuma consciência*. Não existe tal coisa como matéria "morta" ou "cega", como também não existe Lei "cega" ou "inconsciente"."[9]

A idéia da vida ou consciência em toda a matéria está ganhando credibilidade com alguns cientistas. Teilhard de Chardin escreveu sobre o "interior das coisas," o lado interno, consciente, de tudo, animado ou inanimado. Segundo Chardin, como a consciência existe, ela deve estar presente em toda a parte, até mesmo nos minerais, em alguma forma rudimentar, e essa consciência é enriquecida e aprimorada através da evolução. Outra visão moderna, em harmonia com a teosofia, baseia-se na presença da consciência em todo o mundo da vida. A inteligência existe sem um cérebro, em primitivas formas de vida, até mesmo nos organismos unicelulares. Não há nenhum ponto no desenvolvimento de um embrião em que a mente passa a existir. Não há órgão ou lugar nos organismos que sejam necessários para que a consciência possa emergir. A vida originou-se da combinação complexa de moléculas. Para alguns cientistas, isto implica que a consciência terá de estar implícita na própria matéria, que toda a matéria encerra no seu bojo a possibilidade da vida, ou consciência ou mente. De acordo com o biólogo Erich Jantsch, "Se a consciência é definida como o grau de autonomia que um sistema adquire nas relações dinâmicas com o seu meio ambiente, até os sistemas ... mais simples, tais como ... estruturas químicas têm uma forma primitiva de consciência."[10] O falecido eminente psicólogo, Gardner Murphy, achou que isto não desacredita a humanidade, em quem a consciência floresceu, mas "glorifica a lama primordial".

Assim, algum grau de responsividade existe em todas as formas. H.P.B. nos diz que "a Natureza, analisada em seu sentido abstrato, *não pode* ser "inconsciente", por ser a emanação e, portanto, um aspecto... da consciência Absoluta."[11] As pessoas que trabalham com cristais em curas tornam-se conscientes de uma espécie de qualidade vital que neles se expressa e que difere em diferentes minerais. A responsividade nas plantas é mostrada nos seus tropismos, na medida em que seus brotos se projetam na direção do sol e suas raízes mergulham no solo. Alguns estudos evidenciaram que elas também respondem à música e às emoções humanas. A consciência e a responsividade são auto-evidentes nos animais e seres humanos. A potencialidade da consciência é liberada em uma miríade de formas. Às vezes a matéria predomina, como nos minerais; às vezes a consciência é mais proeminente, como nos seres humanos. Toda a forma é uma mescla dos dois pólos que permeiam toda a Natureza e que constituem parte essencial de tudo que existe. "O Universo Manifestado... é permeado pela dualidade, que é como se fosse a própria essência de sua EX-istência..."[12]

Polaridades Refletidas

Vimos como os princípios fundamentais da filosofia esotérica estão refletidos em toda parte na Natureza. A unidade e a totalidade, movimento, espaço e tempo, reaparecem sempre no mundo, sendo manifestações de princípios numênicos eternos. Somos tentados a pressupor que as inúmeras polaridades dentro de nós mesmos e no mundo físico, de alguma forma, devem refletir a polaridade básica entre o espírito, ou consciência, e matéria. Sujeito-objeto, ou consciência-matéria, pareceriam constituir o protótipo dos incontáveis dualismos que vemos em toda a Natureza, os pólos fundamentais, com todos os demais opostos no mundo, nada mais sendo senão sombras desta separação básica. Contudo, H.P.B. pouco tem a dizer neste sentido. Enquanto que ao escrever sobre o movimento e o Grande Alento, ela os relaciona a movimentos no mundo manifestado, ao explicar os pólos ela quase não fez referência ao princípio da polaridade em suas muitas formas ao nosso redor. Ocasionalmente menciona a atração dos opostos – como na eletricidade estática, na gravidade, na atração entre os sexos – como uma espécie de polaridade física e inclui a repulsão entre polaridades similares.

Pareceria que todas as polaridades fortes, ativas, masculinas, no mundo refletem o potencial do espírito, ao passo que as polaridades receptivas, passivas, femininas refletem as qualidades da matéria. O fato de que H.P.B. escolheu Pai e Mãe para simbolizarem a consciência e a matéria mostra a afinidade do princípio sexual com a polaridade última.

Os pólos positivo e negativo, masculino e feminino, ativo e passivo estão profundamente enraizados na natureza da realidade, sendo essenciais à manifestação. Cargas positivas e negativas no nível subatômico da matéria representam a infra-estrutura de todo o mundo físico. As inumeráveis substâncias e variedades de materiais baseiam-se na valência, nos elétrons e prótons dentro dos átomos em suas interações nas moléculas. Físicos modernos acreditam tão firmemente na polaridade que até mesmo postulam a antimatéria; para cada partícula há uma antipartícula de carga igual e oposta.

Prem e Ashish avançam ainda mais com o conceito da atração e repulsão, indicando que o esforço desempenhado pelo sujeito na direção do objeto, a atração mútua entre os pólos da consciência e da matéria, são características do desejo, que está vinculado ao seu oposto, a repulsão. Uma pequena introspecção revelará o poder destas duas forças de atração e de repulsão dentro de nós. Os nossos gostos e desgostos, atrações e aversões – baseados em um outro par de opostos, prazer e dor – geram mais de nossas ações do que poderíamos supor. A polaridade é uma força poderosa nas nossas vidas e em todas as criaturas vivas.

É evidente que a polaridade dos sexos é essencial no mundo das coisas vivas e no nosso mundo humano. Além de assegurar a continuação da nossa espécie, aporta dramaticidade e variedade à nossa experiência. As relações entre o masculino e o feminino constituem de longe o tema mais popular para a arte e a literatura, cinema e televisão, e os pensamentos românticos dominam grande número de pessoas.

Como o espírito e a matéria sempre ocorrem juntos e nunca são encontrados apartados um do outro, assim polaridades masculinas e femininas existem em cada um de nós. Todos nós experimentamos ternura, brandura, doçura, bem como determinação, agressividade, força. O feminino em nós freqüentemente se equipara com a intuição, enquanto que a mente ordenada e racional é considerada como masculino. Estes pólos correspondem geralmente às funções dos hemisférios direito e esquerdo do cérebro. O psicólogo Abraham Maslow destacou que as pessoas realmente amadurecidas integram pólos opostos em suas naturezas. As pessoas "auto-realizadoras", como as denominou, podem aceitar auxílio e conforto de outros, bem como podem dispensá-lo e por vezes são fortes, e por vezes submissos. São bem equilibradas e completas.

Pólos alternativos, opostos e contrastes são proeminentes em nossas naturezas. A nossa disposição constantemente oscila entre depressão e exaltação, amor e ódio ou ressentimento, fome e saciedade, ansiedade e confiança, energia e fadiga. É natural que cada pólo seja substituído pelo seu oposto. As inúmeras polaridades em nosso interior, como consciente – inconsciente, mental – emocional, persona – sombra, são necessárias para a nossa totalidade. Para prover uma expressão integral daquilo que somos, não deveríamos tentar eliminar qualquer pólo ou aperfeiçoar o outro. Isto seria como "seguir e honrar o Céu, sem levar em conta a Terra," nas palavras de Chuang Tzu. Ao invés disso, deveríamos admitir ambos os pólos e estabelecer um equilíbrio dinâmico entre eles. Eliminar um, ou tentar fazê-lo, apenas trunca o nosso próprio ser.

Opostos Entrelaçados

Como ocorre com o espírito e a matéria, as miríades de pólos no mundo não são separadas entre si, mas exprimem dois aspectos de um todo envolvente. Mostram contrastes relativos dentro de uma unidade oniabarcante, os extremos de um contínuo. Figura-solo, para cima-para baixo, quente-frio, atrás-frente, em inúmeros pares, cada pólo depende do outro para a sua existência; apenas têm significado um em relação ao outro. Alan Watts percebeu esta unidade nos opostos:

> "Dizer que opostos são polares – significa dizer que são relacionados e unidos – que são termos, extremi-

dades e pontas de um único todo. Opostos polares são opostos inseparáveis..."[13]

Além disso, muitos opostos convergem uns nos outros em sucessão infindável. H.P.B. enfatizou a importância desses ciclos (capítulo 12). Prem e Ashish percebem o Grande Alento como a força propulsora subjacente aos ciclos, uma constante pulsação que resulta em uma alternância rítmica de tensão entre os pólos. Em virtude deste pulso, "nada se encontra jamais em um estado estático de repouso, mas está sempre em estado cambiante e 'passando para o seu oposto.' "[14] Vemos isto quando o dia se transforma na noite quando a terra revolve em seu eixo, de maneira que a noite e o dia nada são senão fases de um único processo. Verão-inverno, maré alta-maré baixa, sono-vigília, inspiração-expiração, são outros exemplos. Até mesmo a vida e a morte, na visão teosófica e oriental, são pólos de um processo contínuo. De acordo com Alan Watts, "a vida e a morte não são tanto alternativas como alternâncias, pólos de um processo único que pode ser designado vida-e-morte."[15]

A antiga doutrina Taoísta de Yin e Yang expressa os opostos como entrelaçados, contendo cada pólo a semente do outro, conforme mostrado no conhecido símbolo de Yin-Yang.

O aspecto Yang simboliza aquilo que é luz, forte, masculino, poderoso, ativo, celestial, ao passo que Yin é escuro, submisso, feminino, passivo, terreno. Em situações da vida, são considerados como alternando-se reciprocamente em ritmo contínuo, um passando a ser o outro, da mesma maneira como ocorre com a noite e o dia. O seu equilíbrio dinâmico é expresso de forma excepcionalmente bela no *T'ai Chi*, o exercício-dança chinês, no qual cada movimento forte e energético é seguido por outro que é macio e submisso, apenas para ser novamente substituído pela força.

Dualidades Mentais

A separação entre pólos não existe na Natureza, mas resulta da tendência de nossas mentes, particularmente a mente ocidental, de separar as coisas e colocá-las em compartimentos estanques, rotulando-as, o que solidifica de forma mais acentuada as distinções. A nossa lógica de dois termos exige que algo seja isto ou aquilo, um ou o outro, ao passo que a visão oriental tende a abranger ambos. Geralmente estipulamos categorias bem delineadas e definidas para depois pressupormos que a Natureza se adapta aos nossos conceitos. Muitos opostos são apenas relativos, assim como uma haste pode parecer curta quando comparada com uma outra mais comprida, ou comprida comparada com uma haste curta. As nossas mentes dicotomizam e estabelecem dualidades, através das quais vemos então a totalidade não fragmentada da Natureza. Muitos opostos são apenas conceitos abstratos que pertencem ao mundo do pensamento.

O grande físico dinamarquês Niels Bohr reconheceu o conceito Taoísta de Yin e Yang e viu a harmonia entre a sabedoria oriental e a moderna ciência ocidental. Ele introduziu o conceito da complementariedade para unificar os opostos e harmonizar as inúmeras disparidades na física. Einstein mostrou a unidade de duas coisas aparentemente díspares – matéria e energia – em sua fórmula $E = Mc^2$. Os elétrons, que aparecem tanto como partículas e ondas, também podem ser considerados ambas, de alguma maneira ainda incompreensível. Para o físico nuclear, a matéria parece ser destrutível e indestrutível, contínua e descontínua, e manifesta-se em muitas maneiras que parecem ser mutuamente exclusivas. Bohr achou que a estrutura de opostos distintos e separados é demasiado estreita para acomodar a Natureza, que as incompatibilidades são produto de nossas mentes e observações, ao invés de inerentes na Natureza. Para ele, ondas e partículas são aspectos complementares da mesma realidade, cada qual constituindo uma visão limitada e parcial e ambas necessárias para fornecer uma imagem completa. Assim, ele percebeu o princípio teosófico de que os pólos se fundem num todo maior.

Os físicos redescobriram outra percepção essencial da filosofia esotérica – de que sujeito e objeto não podem ser divorciados um do outro. Nós, no ocidente, dicotomizamos os dois, especialmente desde o século XVII, quando o filósofo Descartes insistiu que o mundo material é objetivo e para sempre separado da consciência humana. No processo de tentar conhecer a realidade como um objeto, pensamos a respeito de nós mesmos, o sujeito, como fundamentalmente separado e distinto de tudo o mais. Em décadas recentes, os físicos alcançaram uma percepção que mostra esta divisão entre sujeito e objeto como algo errôneo. Na física quântica, eles descobriram que os cientistas que fazem medições nunca conseguem separar-se completamente daquilo que está sendo medido.[16] Por exemplo, o instrumental usado para a medição de elétrons são fótons, partículas subatômicas muito pequenas. Mas os fótons fazem com que os elétrons sempre modifiquem sua posição ligeiramente. Assim, o observador, em seus conceitos e instrumentos subjetivos, interage com o observado. Muitos acham que a física quântica não é um caso especial, que todo o processo de tentar formar o postulado da realidade como inteiramente objetiva e externa é fútil, e que a mente e a consciência sempre intervêm. O físico John Wheeler fala de um "universo participativo", no qual a consciência humana necessariamente interage, mesmo ao tentar apenas observar. Ken Wilber percebe a unidade do sujeito com o seu objeto: "Da mesma maneira que a parte frontal e posterior são simplesmente duas maneiras para olhar um corpo, assim o sujeito e o objeto, a psique e soma, energia e matéria, são apenas duas maneiras de abordar uma mesma realidade."[17] Segundo *A Doutrina Secreta,* a consciência e a matéria estão para sempre entrelaçadas em um todo maior.

Elevando-se Acima dos Opostos

Não obstante, apesar desta perspectiva na filosofia esotérica e na física, temos o profundo hábito inconsciente de nos separarmos como sujeito de tudo o mais como objeto. Isto resulta em nos vermos como ilhas separadas e isoladas de percebimento. Existe uma outra maneira de olhar para nós mesmos e para o mundo, uma forma de conhecer que não separa o conhecedor do conhecido, o sujeito do objeto. Os sábios no oriente e ocidente atingiram uma perspectiva a partir da qual vêem claramente que todos os opostos polares são relativos. O objetivo das tradições orientais é de compreender a unidade dos opostos, de "ser verdadeiramente eterno, além dos opostos terrenos," como diz o *Bhagavad Gita.* Esta compreensão é alcançada subjugando-se distinções intelectuais e polaridades emocionais, de maneira que a unidade dos opostos torna-se uma experiência vívida.

Existem vários métodos de meditação e técnicas para a elevação da percepção que podem nos ajudar a elevar-nos acima dos opostos. Todos envolvem aquietar a mente divisiva e polarizadora e alcançar a nossa consciência mais profunda, subjacente a todas as formas de pensamento e de sentimento. Como seria se o corpo pudesse estar completamente quieto, sem registros sensoriais, sem a menor visão, som, ou senso de toque ou pressão, ou calor ou frio? Também as emoções cederiam e não deixariam traço algum de excitação, de afeto, ira ou ansiedade. Também a mente paralisaria o seu fluxo e todos os pensamentos se esvaneceriam. O que restaria? Chegaríamos próximos de experimentar a consciência sem um objeto, sem qualquer conteúdo, puro percebimento. Embora seja impossível, em nossa condição humana, vivenciar a consciência completamente apartada de nossos veículos, físicos ou superfísicos, sentiríamos algo do contínuo ilimitado da Consciência pura. Veríamos, juntamente com Carlo Suares, que, na consciência, "não há compartimentos insulares, não há divisões ou paredes divisórias."

Um tal ato de desapego de tudo que nos é familiar, de tudo aquilo que imaginávamos ser, de todo o apoio que nos provê uma sensação de segurança, é chamado *o salto* na literatura mística. Inicialmente pode ser algo aterrador, como se todo o nosso ser passasse a ficar obliterado no nada. Não obstante, aqueles que penetraram neste estado e nele permaneceram, relatam que ele não aniquila o seu ser, mas revoluciona sua compreensão daquilo que eles são. Mesmo depois de retornar para um estado comum, não mais podem identificar-se totalmente com o seu antigo conceito de eu. Sabem que a divisão entre sujeito e objeto, conhecedor e conhecido, é ilusória. O eu e o mundo não mais se afiguram como separados, mas unidos em um campo de Consciência não-dividida, aquela unidade da qual surgem tanto o sujeito como o objeto. Pensar em "minha consciência" passa a ser absurdo, porque existe apenas Consciência, um contínuo ilimitado que não pode ser dividido, "um único, cujo plural é desconhecido," segundo a descrição do físico Erwin Schroedinger. Afrouxando os liames da consciência comum, chegamos a ter vislumbres do campo da Consciência, a base única que interliga todas as polaridades, aquele "nada inominável" sobre o qual falou o místico Eckhart. E, mesmo assim, este estado do nada não é um mero vácuo, mas pura alegria, não baseada em qualquer circunstância externa, porém, simplesmente, alegria ilimitada que surge de uma raiz bem profunda e transborda em círculos progressivamente mais amplos para difundir-se no Espaço.

A Polaridade Fundamental

Esta experiência de consciência pura sem um objeto, coloca-nos além do sujeito e objeto e além das polaridades do mundo. Porém, paradoxalmente, uma outra polaridade passa a ficar aparente neste nível. *Os Upanishads* nos dizem que a consciência pura (*Ātman* em sânscrito) é "menor do que o pequeno", porém "maior do que o grande." Este enigma baseia-se na habilidade do Uno ser um todo contínuo, não fragmentado, sendo ao mesmo tempo muitos indivíduos. *A Doutrina Secreta* usa a analogia de inumeráveis centelhas em uma chama para representar este enigma. Um ponto no centro de um círculo também é sugestivo. Enquanto a Fonte Transcendente abrange o Espaço ilimitado, ela também se focaliza em inúmeros pontos que constituem o âmago da consciência dos indivíduos.

A experiência na meditação confirma o ensinamento esotérico do indivíduo interligado com o todo. Em momentos de profunda interioridade, muitas pessoas que meditam falam sobre uma expansão e ampliação da consciência que coincide com uma espécie de centralização, como se a consciência estivesse centralizada em um ponto interno e profundo e, mesmo assim, espalhada, para tudo abranger. Somos simultaneamente menores do que o pequeno e maiores do que o grande. Poderíamos obter um ligeiro vislumbre sobre este mistério, contemplando um dente-de-leão semeado. A totalidade do seu globo frágil irradia de um âmago central; a esfera oniabrangente e o centro profundo fazem parte de um todo. Esta imagem poderia captar alguns aspectos de um estado de pura consciência e sugere como o princípio oniabrangente da polaridade opera até mesmo nos estados mais elevados.

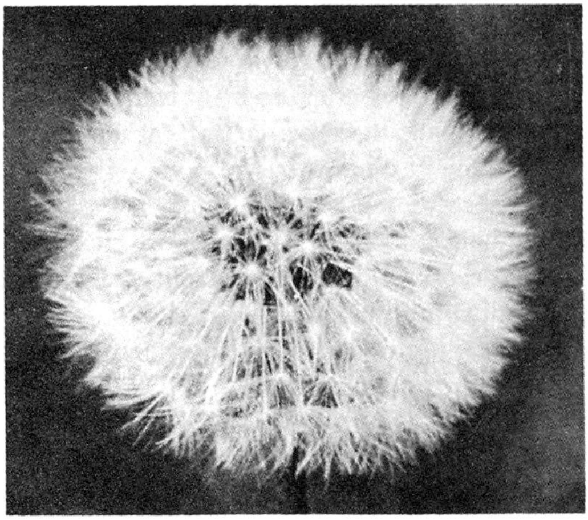

9

Ritmo e Ciclos

Tudo que vive parece exprimir um movimento rítmico... É o efluxo visível de uma ordem divina invisível que abarca tanto o homem como a Natureza.

Edith Schnapper, The Inward Odyssey (A Odisséia Interior)

Toda noite as estrelas circulam pelo firmamento ao redor da terra; a cada batida, o coração alternadamente se contrai e amplia em ritmo incessante; a água eleva-se em forma de vapor, forma nuvens e retorna para a terra em forma de chuva; as sementes passam a ser brotos, as flores transformam-se em frutos e os frutos dão origem às sementes – todos estes revelam o grande princípio da ciclicidade. Os ciclos são tão universais na Natureza que a lei de periodicidade é a segunda das três Proposições Fundamentais, contidas em *A Doutrina Secreta,* sendo a primeira a doutrina do Uno Transcendente. H.P.B. explica que os ciclos que vemos em toda parte na Natureza, e em nós mesmos, são expressões desta lei básica que ela menciona como "uma das leis absolutamente fundamentais do universo".

Como aconteceu com os outros postulados universais que consideramos, o princípio da ciclicidade encontra a sua origem na Fonte Transcendental. O fundamento metafísico dos ciclos é a interação entre os pólos de espírito e matéria. O protótipo de todos os ciclos menores é a inspiração e a expiração dos universos a partir do Uno. Esta doutrina sustenta que o presente cosmos, antigo como é, foi precedido por uma série interminável de manifestações anteriores. Existem imensos intervalos, nos quais o pólo da consciência ou espírito predomina, e tudo está inerte em um estado silencioso e introspectivo de potencialidade denominado *pralaya*. Então, quando se inicia a emanação do futuro universo, o pólo da matéria é ativado em uma fase denominada *manvantara*. Com a continuação da manifestação, o lado material passa progressivamente a predominar, até que haja sido alcançado o ápice da materialidade. Depois, o pólo da consciência ou espírito, novamente, e de forma lenta, passa a ocupar seu lugar de ascendência, quando tudo se desloca na direção de um outro *pralaya*. Na medida em que um pólo cresce, o outro diminui (capítulo 12). Assim, períodos de atividade cósmica são seguidos por períodos escuros de não-ser, nos quais a vida se restringe ao pulsar básico de um estado de repouso. *A Doutrina Secreta* refere-se a este ciclo cósmico como o *Grande Alento,* que procede "da vida Una que, em si mesma, é eterna... sem começo ou fim, porém periódica em suas manifestações regulares."[1]

Poderíamos imaginar como os pólos ao separarem-se mutuamente, por assim dizer, ativam o ritmo inicial no mundo que está sendo formado. Um campo, análogo ao campo ao redor de um ímã, surge entre os dois pólos. Disto resulta tensão, criando um dinamismo que rompe o estado estático. As forças de atração e de repulsão criam um pulso alternante entre os pólos.

Este princípio metafísico poderia ser ilustrado por um simples gerador, no qual a eletricidade é produzida por magnetismo.

Quando uma bobina de fio revolve-se entre os dois pólos de um ímã, ela atravessa as linhas de energia magnética no campo, fazendo com que uma corrente elétrica passe através do fio. A corrente flui primeiramente em uma direção à medida que aproxima-se de um pólo na sua ação revolvente e depois inverte a direção quando se aproxima do outro pólo. A corrente alternada resultante reflete a polaridade, a atração e repulsão, dentro do campo magnético. Este processo poderia refletir, de alguma maneira, a forma em que os ciclos são produzidos pelo contraponto dinâmico entre os dois pólos do Ser. Talvez H.P.B. quisesse dizer algo neste sentido ao citar: "O movimento... reveste-se de uma tendência progressivamente crescente... para o movimento circular."[2]

Este eterno ritmo de efluxo e retorno, interiorização e exteriorização, reflete-se em toda parte na Natureza. O padrão é tão amplo que H.P.B. considerou que "a universalidade absoluta da lei de periodicidade" é auto-evidente. Prem e Ashish sublinham esta alternância:

> "Por toda parte em todo o reino da Natureza, física ou psíquica, desde os átomos até o universo... um período de expansão é seguido por um período de contração, um período de desaceleração por um período de aceleração."[3]

O ritmo, que permeia a Natureza e está em tudo que experimentamos, baseia-se no princípio da alternância. O influxo e a expulsão do ar a cada respiração, o desenvolvimento desde o estado latente de uma semente até o pleno crescimento de uma planta, o afastamento do sono e a atividade da vigília, o movimento das asas dos pássaros, todos mostram uma fase ativa e inativa, uma oscilação entre dois pólos. O ritmo está implícito na maioria das nossas atividades – caminhar, falar, atividade sexual, despor-

Ondas do mar e pegadas exemplificam o princípio cíclico que permeia toda a Natureza.

tos – mas talvez seja mais óbvio na música e na dança. Essas atividades rítmicas são encontradas em todas as culturas, com algo análogo surgindo até mesmo entre os animais. Seja o ritmo simples, como o rufar elementar de um tambor, ou o mergulho das cabeças de cisnes que se cortejam, ou complexo e complicado, como uma sinfonia ou uma *raga* indiana, todo ele se origina da ritmicidade fundamental de pólos alternados, pulsar ascendente e descendente, forte-fraco, ativo-inativo. Ritmos simples podem abranger ciclos simples ou podem mesclar-se, criando ciclos mais complexos.

Todos os princípios metafísicos que consideramos fazem parte do ritmo e dos ciclos. O tempo é intrínseco ao ritmo como a todo o movimento, porque os processos rítmicos precisam fluir através do tempo. O espaço e o movimento também são básicos para os ciclos; não podemos imaginar um ritmo sem algo que se move, algo que possui extensão no espaço. O ritmo não poderia aparecer em um estado congelado, imóvel.

Emily Sellon, estudante de *A Doutrina Secreta*, resume esta relação entre polaridade, movimento e espaço – tempo:

> "A relação polar dinâmica entre (os pólos) de consciência e matéria confere ao universo o seu movimento fundamental, sempre presente, cujo caráter continuado provê uma ordem rítmica ou periodicidade, dando nascimento ao tempo. Isto se manifesta através da Natureza como os processos espaço-temporais de nascimento e morte, os ciclos de crescimento e decadência. Esta, a ação vital básica do universo, é chamada de o Grande Alento."[4]

Ciclos Grandes e Pequenos

Todos estes princípios – movimento, tempo, espaço, polaridade – estão tão envolvidos em todas as pulsações do nosso coração e no ciclo vital até mesmo da menor criatura, como no surgimento e na dissolução dos universos. Como os outros princípios analisados, os ciclos são tão universais e onipresentes que geralmente não os notamos. Mesmo assim, são subjacentes a nossa experiência em todos os níveis do Ser. Na escala maior da Natureza, os ciclos são a infra-estrutura de ecossistemas, quando gases e minerais são permutados através dos diferentes organismos componentes do sistema. Alguns ciclos são muito longos. Civilizações vão e vêm em centenas ou milhares de anos. A precessão dos equinócios, na qual o firmamento celestial de estrelas e constelações descreve um círculo integral nos céus ao redor da terra, abrange mais de 25.000 anos. O nascimento e morte de estrelas pode levar bilhões de anos.

Ciclos inumeráveis, longos e curtos, estão vinculados ao movimento "circular" de órbitas e rotações dos corpos celestiais. As estações, resultantes da órbita terrestre ao redor do sol, governaram a vida do homem desde tempos primordiais, quando o ritmo da plantação e da colheita estabeleceu inicialmente o padrão para eventos anuais. Os animais migram, se acasalam e procriam de acordo com este ciclo anual. A incubação de um passarinho é programada pela relação terrestre para com o sol, 93 milhões de milhas distante.

O período de 24 horas da rotação da terra ao redor do seu eixo está vinculado a numerosos ritmos circadianos ou diários nas coisas vivas. A vigília e o sono são os mais óbvios. Além disso, o corpo atravessa uma série de ciclos diários, como o aumento e a queda da produção de hormônios, mudanças na taxa da respiração, na taxa cardíaca, nos ritmos das ondas cerebrais, altos e baixos no calor corpóreo. Existem também muitos ritmos menores dentro de nós, como o ciclo de 90 minutos, no qual o sono superficial alterna-se com o sono profundo, no qual sonhamos. Ciclos produzem-se dentro de cada célula. A mitose, o desdobramento de células, compondo novas células, é um processo cíclico e sua taxa depende da função da célula no corpo. A taxa do metabolismo ou a combustão de alimentos nas células também é um processo cíclico.

Harmonia através da Respiração

De acordo com a teosofia, esses ciclos em nossos corpos ilustram a nossa íntima relação com a Fonte Transcendente, pois refletem o ritmo do Grande Alento, que é a raiz de todos os ciclos. A respiração exemplifica particularmente este poderoso princípio na Natureza e simboliza as interações universais. Esta função vital, essencial para a vida, dramatiza a maneira com que estão interligados e mesclados os ciclos da Natureza em muitos níveis. Na respiração, o sistema circulatório opera vinculado com o sistema respiratório, quando o coração bombeia sangue oxigenado e fresco dos pulmões para todas as partes do corpo. Em seu retorno, o sangue recolhe o dióxido de carbono, um produto residual das células e o transporta para que seja expulso pelos pulmões. O cérebro e o sistema nervoso central, a química corporal e os processos metabólicos estão todos estreitamente sincronizados com a respiração. Eles, por sua vez, realizam processos em tecidos e glândulas. A respiração participa de todo o nosso sistema corpóreo e até mesmo tem uma relação com os estados emocionais. Em nós e em todos os seres vivos, a vida é governada pela ação de ciclos dentro de ciclos, que precisam estar sincronizados como o mecanismo de relógio para a nossa sobrevivência.

A respiração ocupa um lugar central por uma outra razão. Ocupa lugar essencial entre diferentes pares de opostos dentro de nós: consciente-inconsciente, indivíduo-ambiente, interior-exterior, percepção-corpo, individual-universal. A respiração não meramente oscila entre estes opostos, mas integra muitos níveis.

Realizamos um processo de permuta contínua com o meio ambiente através da respiração, na medida em que inalamos e expelimos gases. No processo, aquilo que estava fora é assimilado e o que está dentro é exalado pela respiração. De acordo com a filosofia do *yoga,* além dos gases absorvemos da atmosfera uma energia vital, denominada *prana*, à medida que respiramos. A teosofia reconhece o *prana* como uma força vital universal que flui por toda a Natureza, que alimenta e vivifica todas as coisas vivas. Ela participa profundamente da saúde. Assim, a respiração constitui um meio para uma permuta perpétua com esta energia superfísica vital.

A respiração processa-se de forma inconsciente durante a maior parte do tempo, mas podemos intervir conscientemente no seu ritmo em qualquer ocasião. É crucial que tenhamos esta habilidade, porque a respiração constitui a base da fala. Precisamos modificar e controlar a nossa respiração sempre que falamos ou cantamos, rimos ou suspiramos. Assim, a respiração interliga a mente, a fonte da fala, com o corpo através do qual se exprime.

Além disso, a respiração e os estados de consciência estão estreitamente interligados e o ritmo de nossa respiração se modifica com os estados emocionais e fisiológicos. A respiração passa a ser mais rápida quando nos exercitamos ou quando estamos emocionalmente excitados. Ela torna-se mais superficial quando estamos tensos ou ansiosos, e se aprofunda no sono ou nos estados de profunda tranqüilidade ou meditação. Podemos exercer algum tipo de controle sobre estes estados através do controle deliberado de nossa taxa e forma de respirar. Em muitos sistemas de meditação, a respiração ocupa lugar central. *Pranayama*, a prática da respiração controlada no *yoga*, prescreve diferentes exercícios respiratórios para energizar o corpo, aquietar as emoções e alcançar uma tranqüilidade e serenidade interna em que há um fluxo de forças universais. Lama Govinda destaca o seguinte:

> "A respiração passa a ser um veículo de experiência espiritual, o mediador entre corpo e mente. Representa o primeiro passo na direção da transformação do corpo do estado de um órgão físico, que funciona de forma mais ou menos passiva e inconsciente, num veículo ou instrumento de uma mente perfeitamente desenvolvida e iluminada."[5]

Lama Govinda ensina-nos que a respiração pode conduzir ao "perfeito equilíbrio mental e físico e resulta em harmonia interior, da qual surge serenidade e felicidade que penetra todo o corpo, dando-lhe uma sensação de suprema bem-aventurança, como o frescor agradabilíssimo de uma fonte que permeia toda a água de um lago de montanha."[6]

Embora a respiração tenha início como um processo inconsciente, ela pode ser conscientemente cultivada para conduzir a elevados estados de experiência supra-consciente. Pode constituir o meio de união consciente com o universal, do eu pessoal com o espiritual. Através da respiração, nós, como indivíduos, constantemente realizamos uma permuta com o nosso ambiente em níveis físico, suprafísico e espiritual. Através da nossa respiração, somos apoiados em todos os momentos por um ambiente maior que ampara todos os aspectos da nossa vida. O ritmo da nossa respiração está em harmonia com a orquestração do Alento cósmico, mantendo-nos vivos em todos os níveis por um intercâmbio constante com o todo.

Ciclos Interligados

A harmonização da nossa respiração com inumeráveis ciclos em nosso interior e ao nosso redor pode ser considerada como símbolo de um princípio que opera em toda a Natureza. O axioma Hermético "como em cima, assim em baixo" aqui se aplica. H.P.B. apresentou um quadro de ciclos dentro de ciclos que lembra a visão holística de totalidades dentro de totalidades. A Natureza e todos os seus inuméraveis ciclos poderia ser comparada com uma grande sinfonia, cada ciclo tendo seu lugar único no ritmo contínuo do todo. Da divisão celular até a expansão e decadência de civilizações, cada ciclo integra-se nos ritmos maiores da terra e do cosmos. Cada ciclo individual está correlacionado e interligado com o fluxo de um padrão harmonioso e abrangente. H.P.B. expressa esta idéia:

"Ciclos mergulhando em ciclos, contendo e contidos em

> séries infindáveis. O embrião crescendo em sua esfera pré-natal, o indivíduo em sua família, a família no estado, o estado na humanidade, a terra no nosso sistema, aquele sistema em seu universo central, o universo no Cosmos, o Cosmos na Causa Una. Todos nada são senão partes de um todo estupendo, cujo corpo é a Natureza e Deus a alma."[7]

De acordo com a filosofia esotérica, o padrão de ciclos não está restrito ao mundo físico, mas repete-se em todos os níveis da existência. Existem ciclos em níveis mentais e espirituais dentro de nós e no padrão mais amplo do cosmos. Individualmente estamos sujeitos ao desabrochar rítmico mental e espiritual, e civilizações e raças de homens também seguem esta lei. A humanidade como um todo move-se para a frente de acordo com os ciclos. H.P.B. torna claro este ponto ao dizer:

> "Os Ciclos de Matéria serão sucedidos por Ciclos de Espiritualidade e por uma mente plenamente desenvolvida... a Humanidade é a filha do Destino cíclico e nenhuma de suas Unidades pode escapar de sua missão inconsciente, ou libertar-se do fardo do seu trabalho cooperativo com a Natureza. Assim, a humanidade, raça após raça, cumprirá a sua peregrinação cíclica, preestabelecida."[8]

Progresso através dos Ciclos

O progresso é possível através dos ciclos porque eles não são rígidos e meramente repetitivos. O tempo atribui uma direção ao movimento, uma continuidade que se prolonga e na qual as fases dos ciclos são ampliadas de forma seqüencial. Assim, todos os ciclos são caracterizados por um padrão regular de progressão ordenada, através de fases que se baseiam no ritmo.

Não obstante, estes ciclos não se repetem simplesmente; cada qual é único. Embora estruturalmente todos sigam uma forma básica de ordem cíclica, eles respondem às condições cambiantes dentro do seu interior e no meio ambiente. Isto é evidente ao examinarmos os anéis de crescimento de uma árvore que são construídos anos após anos à medida em que cresce a árvore. Variações nos anéis refletem que se verificou uma seca durante o ano ou um período de muita chuva, a inclemência do inverno, etc. Até mesmo ciclos rápidos, como o pulsar do coração, podem variar de um momento para outro, de rápidos e tremulantes para lentos e firmes. Nenhum ciclo repete exatamente o precedente. Prem e Ashish chamam a atenção para esta variação quando falam de ciclos eternamente repetidos como "vastos sistemas de ordem cíclica, ciclos que são regularmente recorrentes de uma maneira geral, embora infinitamente variáveis em suas especificidades".[9]

A teosofia descreve os ciclos como ascendentes e recorrentes a um nível mais alto, revolvendo não ao redor de um círculo interminável e sem destino, mas representando uma espiral de crescimento. O interminável processo dos ciclos sempre revolve-se sobre si mesmo, porém não necessariamente ao ponto de partida. Dane Rudhyar, filósofo-astrólogo que escreveu vários livros sobre o princípio da ciclicidade, percebe que é a espiral, ao invés da linha reta, que constitui o símbolo do progresso. O retorno da espiral pode parecer inverter a direção, mas é necessário para o movimento ascendente. Ele vê a espiral não como estendendo-se de forma suave e continuamente em direção ascendente, porém, como o ato de caminhar, com uma série de quedas e de recuperações. H.P.B. refere-se à ascensão através de movimentos de subida e de descida como "a lei imutável da Natureza que é Movimento Eterno, cíclico e espiral e, portanto, progressivo até mesmo em seu aparente retrocesso."[10] Esta formação espiralada ascendente dos ciclos resulta na evolução como veremos no capítulo 12.

Construção e Declínio

Na medida em que os ciclos oscilam entre as suas fases voltadas para dentro e para fora, formam um padrão de nascimento, rápido desenvolvimento, pico, declínio e morte. A fase de declínio faz tanto parte da Natureza como a ascensão; ambas são intrínsecas à progressão cíclica inexorável. Formas são construídas, crescem e florescem. Mas, até mesmo durante o crescimento, estão presentes as forças do retraimento e elas tornam-se dominantes nas fases posteriores. Ambos os processos desenvolvem-se continuamente em nossos corpos, quando o anabolismo em nossas células constrói o corpo, transformando o alimento em tecidos vivos, enquanto que o catabolismo desagrega o tecido em produtos residuais. Ambos os processos são necessários à vida. A própria terra passa por mudanças semelhantes; vulcões constroem a superfície, enquanto que a erosão a desagrega. Nos organismos vivos estas fases de criação e decadência tendem a seguir uma à outra em seqüência, embora com períodos intermediários. Dane Rudhyar percebe a atividade de crescimento e de retraimento de duas forças: "a vida é uma interação cíclica de energias polares... o desvanecimento de uma energia de um pólo... está sempre vinculado com o crescimento em força do outro pólo."[11]

Cada um de nós deve vivenciar o nascimento, infância, adolescência, maturidade, velhice e morte. As fases dos nossos ciclos de vida têm contrapartes psicológicas. Nas primeiras fases há expansão e extensão, tanto física como psicologicamente. As fases posteriores caracterizam-se pela consolidação e recolhimento. Ritos de passagem são observados para marcar pontos importantes entre diferentes fases – nascimento, maioridade, casamento, morte. Essas transições exercem profundo impacto sobre todos nós, e muitas pessoas consideram-nas traumáticas.

As civilizações também seguem fases de crescimento e de decadência, como Toynbee e outros tentaram mostrar. As profundas revoluções que se processam atualmente em todos os campos são vistas por alguns como as dores do nascimento de uma nova era. Até mesmo as estrelas seguem um padrão de juventude, maturidade, velhice e, finalmente, morte. Evolvem desde uma nuvem de gás incipiente até um globo de fogo, no qual processos internos produzem explosões inimagináveis de poder nuclear. Estes globos chamejam para depois se estabilizarem, como no caso do nosso sol, e finalmente atingem um ponto de implosão, após o que a estrela desaparece. Mas novas nuvens de gás às vezes se reúnem no local da estrela morta há muito tempo, para que o processo seja recomeçado.

Assim a ascensão e a queda, a criação e a destruição, são fases naturais da ordem cíclica. Podemos ver isto todos os anos no ciclo das estações, quando o recolhimento da vida e aparente morte no inverno são seguidos por uma corrente de nova vida na primavera. No ocidente temos a tendência de valorizar a fase construtiva, temendo a destruição, porém, no oriente, ambas são vistas como necessárias e naturais. Na simbologia hindu, ambas aparecem como deuses primários, um igual ao outro – *Brahma,* o Criador, e *Shiva,* o Destruidor. Alan Watts descreve a dança da mitologia hindu, na qual *Shiva,* de dez braços, envolto pelo fogo, destrói o universo no fim de cada ciclo. Porém *Shiva* representa simplesmente a face oposta de *Brahma,* o Criador, de modo que ao voltar-se para abandonar o mundo em ruínas, a cena muda com o seu retorno e percebe-se que tudo foi reconstruído sob o manto de sua destruição.[12]

O Ciclo do Homem

De acordo com a filosofia esotérica, da mesma maneira como os universos são exalados e inalados, nós também estamos sujeitos ao ciclo de avanço e de retorno na forma de uma longa série de renascimentos e reencarnações, intercalados por períodos de gestação. O nosso ser pulsa com o processo continuado do Grande Alento. H.P.B. refere-se a isto como "ciclo da necessidade... a peregrinação obrigatória para todas as almas... através dos ciclos de Encarnação, de acordo com a Lei Cíclica e *Kármica*."[13] Segundo a visão teosófica, a morte não constitui um fim mas apenas uma fase necessária no ciclo maior da vida. A morte é vista apenas como um intervalo de repouso, no qual o pólo subjetivo predomina por um espaço de tempo entre encarnações físicas. Depois de cada um desses períodos, o pólo ativo, de objetividade e de exteriorização, passa a predominar novamente sobre a fase subjetiva, quando a alma peregrina embarca em uma nova aventura física. Como uma árvore que expressa vida nova a cada primavera, nós passamos por uma série infindável de novos começos. Seguimos o padrão espiral da Natureza quando continuamos a desabrochar e crescer através dos altos e baixos de muitas vidas. Somos unos com aquele padrão de ciclicidade abrangente que nos provê os meios para o crescimento e desenvolvimento permanente. Os princípios metafísicos inerentes no Uno Transcendente estão refletidos em nós, como também em todo o cosmos em todos os níveis.

Quando nos conscientizamos da ordem natural dos ciclos rítmicos, podemos traduzir esta realização em forma de maior aceitação e compreensão de nossas vidas. Em um ciclo, cada fase está onde deveria encontrar-se em todo o processo. Os estágios da vida são naturais e inevitáveis. Não necessitamos lutar com as transições da vida, crescente independência dos pais, escolher um companheiro, a crise da meia idade, velhice e até mesmo a morte. Cada fase tem o seu lugar próprio no padrão geral, e cada um de nós tem suas lições e oportunidades para novo crescimento. Podemos vir a apreciar cada estágio da vida assim como Thoreau nos conta como apreciar as estações.

> "Viva em cada estação como ela passa; respire o ar, tome a sua bebida, saboreie a fruta e entregue-se às influências de cada qual ... seja soprado por todos os ventos. Abra todos os seus poros e banhe-se nas marés da Natureza, em todos os seus riachos e oceanos, em todas as estações... torne-se verde com a primavera, amarelo e maduro com o outono. Beba a influência de cada estação como um pequeno frasco, uma verdadeira panacéia de todos os remédios preparados para o seu uso especial."[14]

Porém, mesmo ao acompanharmos os ritmos da vida, aprendendo a abrirmo-nos a cada fase, num nível mais profundo, não estamos verdadeiramente dentro dos ciclos. No meio dos mundos que giram e se modificam estamos para sempre enraizados no Uno, o nosso centro mais profundo de consciência enraizado naquele princípio fundamental imutável e eterno. Somos o pequeno ponto imóvel subjacente a todos os movimentos da vida, o centro da roda ao redor do qual tudo gira, mas que em si mesmo é imóvel. Se pudermos experimentar este âmago de tranqüilidade interior através da meditação e concentração, então, mesmo em meio às variações das circunstâncias da vida, podemos permanecer calmos e serenos, equilibrados naquele ponto central que permanece firme em meio à vida que treme ao nosso redor.

10

A Mente Divina

O sentimento religioso do cientista adquire a forma de um assombro extasiante perante a harmonia da lei natural, que revela uma inteligência de tal superioridade que todo pensamento e atos sistemáticos dos seres humanos, com ela comparados, nada mais são senão um reflexo absolutamente insignificante.

Albert Einstein

Em toda a história, poetas e filósofos ficaram assombrados pela geometria da Natureza. Os desenhos na curva de uma concha do mar ou de uma nebulosa espiral, o padrão das pétalas de uma flor, a teia de uma aranha, as estrias formadas pelo mar na areia – todos revelam simetria geométrica. Talvez até mesmo mais notável é a seqüência ordenada através do tempo como nos estágios das células que se dividem, com a duplicação de todos os componentes microscópicos complexos em seqüência precisa. O crescimento de um embrião constitui uma obra prima até mesmo mais complexa, de estágios delicadamente sincronizados. A ordem que a Natureza mostra em tal abundância deu origem à famosa expressão do cientista-filósofo James Jeans: "O universo é como um pensamento de um pensador matemático."

O "pensador matemático", em termos teosóficos, é a Mente Divina, aquilo que H.P.B. chama "a base das operações inteligentes na e da Natureza." É a Inteligência Universal, o princípio organizador e estruturador que opera por detrás da Natureza, impondo ordem e propósito em todo o processo cósmico. Este aspecto da Realidade criadora imaterial é caracterizado pela lei e pela harmonia e, de acordo com *A Doutrina Secreta*, "fornece a inteligência diretora no vasto esquema da Evolução Cósmica."[1] Na medida em que o mundo das formas emerge do Uno indiferenciado, esta Inteligência Divina imprime uma ordem, proporção e harmonia intrínsecas nos sistemas auto-ordenados da Natureza. As formas da Natureza são representações exteriorizadas do Pensamento Divino, que induz direção e organização naquilo que tinha sido matéria pré-cósmica desordenada e imprecisa. Este princípio de inteligência "entra" e "agita" a matéria, modelando-a de acordo com leis de harmonia, na medida em que molda o mundo. "Separada da Ideação Cósmica, a Substância Cósmica seria uma abstração vazia."[2]

H.P.B. refere-se à Mente Universal como "o Grande Arquiteto impessoal do Universo." Contudo, ela enfatiza que este "Arquiteto" não está fora do cosmos, impondo-lhe ordem; ele não é um criador apartado da criação como um escultor que está moldando a argila. Em vez disso, a Mente Divina é intrínseca na Natureza, representando uma parte inata dos processos naturais, dando coerência e direção interna inteligente às formas naturais.

A teosofia, juntamente com Platão, ensina que todas as belezas da Terra têm a sua fonte na Mente Divina. Einstein vislumbrou isto. Ele estava assombrado com a "sublimidade e maravilhosa ordem" do universo e "a estrutura maravilhosa da realidade". Ele parece ter assimilado intuitivamente a qualidade viva da Mente Divina que ele denominou de "o misterioso" quando falou de:

"um conhecimento da existência de algo que não podemos penetrar, das manifestações da razão mais profunda e da beleza mais radiante, apenas acessíveis à nossa razão em suas formas mais elementares."[3]

Este princípio numênico primoroso e preciso de ordem a que Einstein se referiu também está expresso no axioma Hermético que descreve o mundo: "Do universo da Profundeza Infinita foi concebida e concretizada uma obra de arte, uma obra de arte permeada pela alma."[4] Expressões concretas de ordem ecoam esta Fonte sublime.

Envolvido no Uno

A Mente Divina, como os outros princípios metafísicos, surge da própria natureza do Uno. Todos estes princípios – unidade, tempo, espaço, movimento, polaridade – estão envolvidos no Uno desde o começo, não como caixas chinesas, uma integrada na outra, porém mais à semelhança de aspectos característicos do adulto latentes no embrião. São inatos simultaneamente no Uno e tornam-se ativados com o avançar do ciclo da manifestação. Prem e Ashish referem-se da seguinte maneira ao processo, segundo o qual se manifesta a Mente Divina: "Os princípios imanifestados do Ser separam-se do seu estado de fusão primordial e dão origem à glória manifestada da Mente Universal."[5]

A Mente Universal é o primeiro princípio *manifestado*. De acordo com *A Doutrina Secreta*, a separação dos pólos ocorre em um estado pré-cósmico, situando-se a meio caminho entre o não-ser do Absoluto e o começo do universo manifestado. A Mente Divina é "a primeira produção do espírito e da matéria," e ela é "projetada no mundo fenomênico como o primeiro aspecto do Absoluto imutável."[6] Fornece a interface entre espírito e matéria, necessária à sua integração no mundo da forma.

A Mente Divina é igualada a *Brahma*, o Criador, a divindade da mitologia hindu responsável pela formação do mundo. O termo *Brahma* surge de uma raiz que significa aumentar ou expandir. Assim "como uma aranha lança e retrai a sua teia... *Brahma* 'expande' e torna-se o Universo tecido de sua própria substância."[7] *Brahma* representa aquele estágio de expansão no qual aquilo que estava oculto nas profundezas do Pensamento Divino recebe expressão definida e objetiva.

H.P.B. diz que é o Movimento que gera a Mente Universal (em sânscrito, *Mahat*), a precursora da manifestação. O mundo da Natureza está em movimento constante; o movimento é intrínseco à manifestação. Ela também afirma que o movimento da Mente Universal é tempo. *Mahat* traz a forma à existência, o que é um processo temporal e evoca a potencialidade do tempo. Mas *Mahat* permanece imutável através de todos os ciclos de mundos que faz vir à existência. Falando da plenitude eterna da Mente Divina, Prem e Ashish referem-se à existência naquele nível de tudo em todo o momento, conforme foi abordado no capítulo 9 sobre o tempo.

> "Dentro da Mente Universal está a simultaneidade sempre presente de todas as formas que vivenciamos aqui como uma seqüência ordenada de eventos. Porém, estes eventos também estão "dentro" da Mente Divina. Nela existem e o tempo em que os experimentamos é o seu tempo."[8]

Assim, a potência de um universo manifestado está sempre presente dentro do Pensamento Divino em uma espécie de eternidade a ser revelada no mundo através do tempo.

A teosofia ensina que nada pode vir à existência que não tenha pré-existido no mundo interno como um plano ideal. Tudo evolui e se desenvolve do "germe das trevas desconhecidas" de acordo com a ordem e a proporção da Mente Divina. Prem e Ashish, seguindo H.P.B., comparam a fala à objetivação do Pensamento Divino em matéria. O efluxo inarticulado da vida divina é formado em partes distintas e significativas, da mesma maneira como damos expressão verbal precisa àquilo que começa como um vago fluxo de pensamento. A palavra *Logos*, que significa 'fala', 'palavra', ou 'razão', é outro termo que representa o aspecto criador e formador de *Mahat,* o *Verbo* do Gênesis. H.P.B. diz:

> "Logos (fala, palavra, verbo) é a apresentação em expressão objetiva, como em uma fotografia, do pensamento oculto. O Logos é o espelho que reflete a Mente Divina e o Universo é o espelho do Logos."

O Logos é a Mente Divina em operação criadora, a causa de todas as coisas, como H.P.B. nos diz em outra parte.

Modelos Geométricos

De acordo com a Sabedoria Antiga, o mundo se origina de *Mahat* através de arquétipos, as Idéias ou Formas Divinas de Platão. Estas são matrizes imateriais ou campos orientadores, geométricos por natureza, que moldam as formas a partir do interior. Elas não são em si mesmas imagens ou padrões específicos de energia, porém princípios formadores, meios segundo os quais a matéria pode adquirir formas, possibilidades inerentes. Os arquétipos estão refletidos nas ordens, famílias, gêneros, espécies biológicas, nas ordens dos cristais, no padrão corporal do homem.

De acordo com Prem e Ashish:

> "Quer pensemos que estamos percebendo um monte de terra, uma árvore, uma cadeira, um homem ou até mesmo um pensamento, na realidade são as imagens arquetípicas divinas da Mente Universal que estamos percebendo ou mal percebendo...Estas não se tratam tanto de imagens reais como de princípios formadores que dão origem... a imagens que estão mais abaixo na escada do ser... e elas próprias estão além de tudo que conhecemos como forma. Como dizem os *Upanishads*, "devem ser vistas através da alma."[10]

Segundo a visão teosófica, as formas concretas da nossa experiência são expressões imperfeitas desses arquétipos ideais. Constituem a natureza mais profunda e genérica das coisas, que na realidade é apenas aproximada. Tal aproximação é evidente na formação dos cristais. Se houver amplo espaço e uma solução pura das substâncias químicas adequadas, os cristais precipitar-se-ão em forma perfeita, exprimindo exatamente a geometria de sua estrutura espacial. Não obstante, tais condições são raras. Os cristais precisam introduzir-se forçosamente em lugares apertados; obstáculos surgem no seu caminho; impurezas dissolvem-se na solução da qual são formados. Podem apenas aproximar-se da simetria ideal, muito embora, por mais deformado que seja, o ângulo entre as faces é sempre exato. Devido à sua complexidade, as plantas são até mesmo menos perfeitas.

Contudo, embora nunca seguidos com precisão, os arquétipos servem como esquemas para orientarem as formas em crescimento. São como a canção perfeita em um nível conceitual a que cantores individuais dão origem em sua maneira única e freqüentemente imperfeita. Podemos vislumbrar aquela perfeição ideal dos arquétipos brilhando através das facetas do cristal, no desenho da pétala de uma flor, na simetria fluida de um animal, na forma de uma mulher graciosa ou de um homem bem proporcionado. Através da penetração em uma forma natural como uma rosa ou um cristal na meditação e com ela unificando a nossa consciência, poderemos vir a perceber como realidade viva a delicada harmonia que governa a sua forma. Para os olhos abertos do vidente, toda a Natureza nada é senão um símbolo, uma expressão parcial e obscura da radiante beleza dos arquétipos na Mente Divina.

Simetria, Desenho da Natureza

A geometria dos arquétipos e a Mente Universal são evidentes nos princípios de simetria que permeiam a Natureza e a arte. A simetria nos mostra um vislumbre da beleza ideal que se reflete na Natureza, infundindo-lhe ordem. A simetria é universal; ela pode ser encontrada em toda a parte como o amplo princípio de equilíbrio e de harmonia. Ela tem sido familiar para a maioria dos povos, desde os tempos primordiais. Uma vez que dela nos conscientizamos, encontramos a simetria em toda a parte: nos animais, plantas, minerais; nos têxteis, nos pisos, nas paredes; na música, na dança e na poesia. Como um princípio, ela aplica-se aos campos mais diversos do conhecimento. Artistas, músicos, coreógrafos, arquitetos, tecelões, tipógrafos – físicos, geólogos, paleontólogos, astrônomos, químicos, matemáticos – todos esses e outros mais encontram significado e utilidade no conceito de simetria. Marjorie Senechal, matemática que organizou uma conferência interdisciplinar sobre simetria no Smith College, vislumbra sua ampla importância: "na ciência, bem como nas artes, a simetria é o plano geométrico sobre o qual são desenhadas as variações da Natureza e da vida."[11] Princípios de simetria, que significa "com medida", podem unificar grandes campos de conhecimento.

A matemática é a linguagem natural da simetria e suas características expressam-se na matemática, como por exemplo, na teoria dos grupos. Entre as formas de simetria que podem ser descritas matematicamente está a simetria radial ao redor de um ponto, como em uma margarida; simetria do plano de espelho, como em um animal onde os lados esquerdo e direito refletem-se reciprocamente; translação de lado para lado, ao longo de uma linha, como em folhas que aparecem em uma haste em nódulos opostos; ou o eixo espiralado em que folhas crescem em espiral ao redor do caule. Os mesmos padrões de simetria sempre se repetem na Natureza e

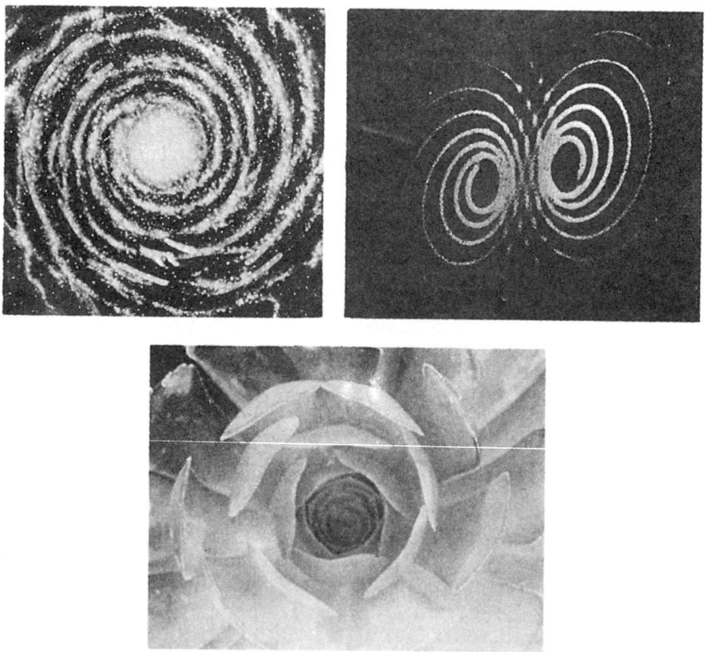

A curva logarítmica é encontrada em muitas formas naturais, como uma galáxia espiral, partículas carregadas em um campo magnético, formações de pétalas.

na arte. Um exemplo marcante é a bela curva logarítmica que aparece nas nebulosas espirais, no casco do náutilo subdividido em compartimentos, no padrão da semente na superfície de girassóis, nas decorações no alto das colunas gregas.

A simetria é realçada talvez de forma mais dramática nos cristais. Todos ficamos maravilhados com a delicada padronagem dos cristais de gelo nos flocos de neve, com sua simetria radial.

A simetria tridimensional de minerais cristalizados não é menos marcante do que a agulha de quartzo octogonal ou os pontos piramidais quadriláteros da ametista. Esta estonteante beleza resulta da estrutura interna – de átomos em moléculas que seguem um padrão geométrico preciso. Por exemplo, o sal de mesa comum é construído de cubos que se assemelham a um tabuleiro tridimensional – cubos "vermelhos", cheios de átomos de sódio e cubos "negros" de átomos de cloro.

A própria base do mundo dos sólidos, bem como a rica variedade de substâncias no mundo tangível, resultam da padronagem simétrica de átomos em moléculas. Os átomos dos elementos químicos são energia eletromagnética organizada.

A tabela periódica dos elementos fala-nos tão eloqüentemente da ordem assim como o fazem os sistemas dos cristais. O princípio de indeterminação – que indica que o percurso de um elétron particular não pode ser especificado, mas apenas o comportamento de um grande número de elétrons delineados estatisticamente – não abala as propriedades matemáticas que são encontradas na química. Até mesmo na dança complexa da matéria subatômica, as partículas e as suas interações obedecem às leis de simetria, e os físicos verificaram que essas representam um instrumento poderoso na classificação das partículas subatômicas.

As coisas vivas também apresentam exemplos marcantes de harmonia e de proporção matemática. A beleza das flores baseia-se na disposição das pétalas e componentes das flores em múltiplos de três (no caso das monocotiledôneas), ou de quatro ou cinco (no caso das dicotiledôneas), todos obedecendo a um padrão geométrico. O encantador formato piramidal do abeto vermelho resulta da proporção correta dos ramos reciprocamente. Tudo aquilo que cresce mantém notável ordem e proporção na medida em que seu tamanho aumenta. Por exemplo, à medida que a abóbora comum cresce, a taxa do crescimento de sua circunferência em qualquer lugar permanece em constante proporção com a taxa de crescimento do seu comprimento, de maneira que o seu formato é constante na medida em que cresce. Para atingir este resultado, células precisam dividir-se em várias direções, às vezes nessa direção, outras vezes naquela direção. Embora se saiba que hormônios e agentes químicos participam no processo, o seu mecanismo exato permanece misterioso. Contudo está claro, nas palavras de D'Arcy Thompson, um biólogo que estudou as proporções nas coisas vivas, o movimento constante do crescimento não é aleatório, mas segue um padrão consistente.

Seres vivos mostram uma arquitetura fluida, na qual o funcionamento de cada parte adapta-se exatamente às necessidades do todo. Todos os níveis, desde os átomos até as células, tecidos e órgãos, são interdependentes e coordenados, como processos vitais que cooperam. Os organismos são auto-formadores e também são dirigidos a uma meta, e não aleatórios. Mostram direção e propósito nas suas atividades. F.L. Kunz defendeu a posição de que cada uma dessas formas auto-ordenadoras opera de acordo com um princípio de ordem, de geometria dinâmica: "A geometria auto-proporcionada das ordens vivas constitui a expressão diversificada de um princípio universal, consistente."[12] Em termos teosóficos, este princípio ordenador, matemático, é a Mente Divina.

Geometria Divina

O número e as relações matemáticas estão no coração da

criação, de acordo com a filosofia esotérica, particularmente como expressa na *Kabbalah* e nas tradições platônica e pitagórica. Os antigos gregos defendiam a idéia da matemática como representando a base da Natureza e atribuíram o número a uma fonte divina. Um, três e sete são exemplos de números místicos que são fundamentais na expansão do universo. Ocorrem em uma série de números que inevitavelmente surgem do Uno à medida que ele gera os muitos. H.P.B. declara que "uma das chaves para o Conhecimento Universal é um puro sistema geométrico e numérico."[13]

Para os platonistas, este sistema geométrico foi revelado pelos sólidos platônicos. São formas geométricas que se acreditava serem a base numênica, simétrica de todas as formas. A idéia antiga passou a ser relevante e útil na atualidade. Esses sólidos platônicos correspondem às rótulas dos cristais que enchem o espaço, como o padrão cúbico do sal que poderia ser repetido indefinidamente para preencher todo o espaço. Existem apenas quatorze padrões possíveis para rótulas no espaço. Assim, há corroboração da crença antiga de que estes poucos sólidos platônicos continham a chave da estrutura de toda a Natureza. O estudo dessas formas pode prover indicações sobre a geometria como princípio primordial subjacente às formas naturais, a Mente Divina na Natureza.[14]

Pitágoras, em sua teoria da Música das Esferas, vinculou o conceito do número ao vasto plano do cosmos. Viu o universo como sendo construído de acordo com uma escala musical, tudo composto de número e organizado de acordo com valores harmônicos precisos. Esta teoria pode não estar tão distante da realidade. O conceito pitagórico da harmonia tem significado no contexto do conhecimento moderno.

Pitágoras descobriu uma relação racional entre o comprimento de uma corda e a nota que emite quando tocada. Por exemplo, se uma corda for encurtada pela metade, a sua nota será uma oitava mais alta e o número de vibrações será dobrado. Surpreendentemente, os matemáticos modernos descobriram que a série de harmônicos que Pitágoras observou é semelhante ao intervalo atômico nos cristais, que também se baseiam em índice de números inteiros.

A harmonia na música está relacionada com a simetria nos cristais! Pitágoras "ouvia" a matemática na música; para o eminente mineralogista G.C. Amstutz, as mesmas relações matemáticas tornaram-se visíveis nos cristais.

> "Realmente, os cristais podem agora ser vistos literalmente como a pedra filosofal, música congelada, que apresenta para a visão, como formas e cores, resumos do dinamismo das moléculas, átomos, partículas e das ondas constantes..."[15]

A teoria Platônica e Pitagórica, postulando uma base matemática para o mundo físico, oferece chaves para as operações dos arquétipos e da Mente Divina.

A Mente: Humana e Divina

O termo *Mente Divina* deve ter surgido porque, através das idades, as pessoas ficaram perplexas pela similaridade entre a mente do homem e sua função organizadora, e a ordem encontrada na Natureza. A arte, em particular, mostra a simetria e o desenho tão abundantes nas formas naturais. Os matemáticos também enfrentaram o dilema de como é que as operações de seus cérebros tão freqüentemente descrevem corretamente a ordem básica do universo que percebem. Por exemplo, em meados de 1900, o matemático G.F.B. Riemann, despretensiosamente, inventou um sistema matemático, basicamente consistente, sem linhas paralelas

– para nenhuma finalidade prática. Posteriormente, esta matemática passou a descrever aspectos da Teoria da Relatividade, adaptando-se a novas descobertas sobre a Natureza. Tais ocorrências fizeram com que o pesquisador do cérebro Karl Pribram perguntasse se a mente é uma expressão de algum princípio ordenador básico, isto é, se as operações mentais refletem a ordem básica do universo. Ele defende a possibilidade de que "realmente, conforme proclamado por todas as grandes tradições religiosas, uma unidade caracteriza esta mente emergente e a ordem básica do universo."[16] Ele chega até o ponto de sugerir que "talvez as propriedades mais fundamentais do universo sejam, portanto, mentais e não materiais."[17] Esta sugestão lembra as idéias de Sir James Jeans sobre o universo como a ideação de um pensador matemático, mas que se expressa através de nossas mentes, bem como através do mundo natural.

O Taj Mahal sugere uma perfeição arquetípica delicada, congelada no mármore.

Hermann Weyl, conhecido pelas suas contribuições à matemática e à filosofia da ciência, também considerou a questão. Ele se perguntou se o artista copia a simetria da Natureza ou se a simetria produzida na arte se origina da mesma fonte que a da Natureza. Concluiu que a simetria na arte não é necessariamente copiada da Natureza, mas resulta sim da qualidade da mente do artista. As leis de harmonia, encontradas na Natureza, também aparecem na mente do homem; ambas emergem de uma fonte comum:

> "Estou inclinado a acompanhar o pensamento de Platão, no sentido de que a idéia matemática constitui a origem comum de ambos (a mente do artista e a simetria natural): as leis matemáticas que governam a Natureza são a origem da simetria na Natureza, e a percepção intuitiva da idéia na mente criativa do artista representa sua origem na arte."[18]

A filosofia esotérica defende a posição de que tanto o homem como o universo são produtos de um princípio criador, imaterial; suas características refletem a Natureza ordenada Daquilo. H.P.B. explica que a mente do homem, *Manas,* é o veículo da ideação Divina," um raio direto do *Mahat* Universal." Ela vê *Manas* como sendo "apenas *Mahat* individualizado, como os raios solares são individualizados nos corpos que os absorvem."[19] A Mente Divina revela sua própria natureza nas habilidades humanas para a conceitualização, para ver relações e padrões na diversidade, produzir padrões e desenhos na arte, matemática, ciências e organizar a experiência em totalidades significativas e inter-relacionadas. As grandes percepções que inspiraram os matemáticos, cientistas e filósofos, bem como a eterna beleza das grandes artes, revelam, de uma maneira dramática, o potencial criativo da Mente Divina. Mas assim também ocorre com os nossos usos diários mais simples das faculdades mentais. Temos um impulso interno poderoso em direção à ordem, à percepção de harmonia e relações, que usamos todos os dias.

Mas, como todos conhecemos demasiadamente bem, a tendência interna para a ordem pode ficar obliterada, de maneira que por vezes nos sentimos confusos e desorganizados. A desorganização ocorre na oitava de nossa mente e emoções que tende a ser separada do nosso eu mais profundo. Ironicamente, esta aparente alienação é o resultado de um aspecto da própria Mente Divina.

A Doutrina Secreta declara que a Mente Divina é uma manifestação do pólo interno e subjacente do ser – a consciência. Prem e Ashish a ela se referem como "a chama da consciência viva que queima no âmago de todo ser existente. "Da mesma maneira como no nosso interior mais recôndito, experimentamos nossos próprios pensamentos e corpos como objetivos, assim, nas palavras de H.P.B., "a Mente Divina é o Sujeito que experimenta simultaneamente a existência total do universo no tempo."[20] A sua subjetividade se difunde através do cosmos. *Mahat* não apenas "constitui a Base do lado Subjetivo do ser manifestado", mas também "é a fonte de toda a manifestação de consciência individual."[23] Assim, quando sentimos "eu sou eu", aquela consciência essencial de nós próprios como indivíduos, estamos experimentando um aspecto da cognição universal ou Mente Divina.

Infelizmente, este sentimento básico de eu (*Ahamkara*, em sânscrito) com demasiada freqüência assume a forma de egoísmo em nós, que lança um véu entre a nossa percepção e a Mente Divina. Diferente da auto-consciência pura que se irradia e está vinculada com a Mente Divina, temos uma tendência ao isolamento auto-defensivo, tendo a necessidade de nos apoiarmos, formando-nos como egos separados. Sentimos que nossa identidade separada é preciosa, que constitui uma necessidade básica. Isto é uma perversão do Pensamento divino, "Egoísmo escuro, a progênie de *Mahat* no plano inferior."[22] Encerramo-nos na prisão do egoísmo, da desordem e perdemos a visão de nossos aspectos mais profundos.

Ordem em Nossas Vidas

Embora talvez possamos ver princípios de organização mais facilmente na Natureza do que nos assuntos humanos, a teosofia proclama que a ordem de uma fonte divina também está operando em nossas vidas. Freqüentemente, não podemos vislumbrar seqüências ordenadas naquilo que nos acontece, e as nossas vidas parecem inconstantes, imprevisíveis, aleatórias. Consideramos, nas palavras de Loren Eiseley, que "a ordem luta contra o caos acentuado e oculto na estrutura convulsiva do mundo."[23]

Apesar de tudo isto, a Mente Divina permeia o nosso ser. Em todos os momentos estamos vinculados com a Mente Universal, um princípio sempre presente e legítimo que nos apóia e nos fornece vida de seu interior. Nesta esfera superconsciente reside um padrão ordenado que nos afeta em todos os níveis e se reflete em nossas vidas. Como este aspecto de ordem se imprime na Natureza, ele também procura expressar harmonia em nosso interior.

Podemos aprender a usar este potencial de forma mais plena, aplicando-o em situações práticas, bem como em tarefas intelectuais e artísticas. Quando nos sentimos desorganizados e perturbados, podemos recorrer a este nível mais profundo da mente que se reflete em nós a partir da Mente Divina. Se, através da contemplação, chegarmos a uma convicção sólida de que o mundo se origina da Mente Divina e é basicamente regido por leis, aquilo que parecia caótico pode vir a apresentar-se como parte de um padrão harmonioso que pode ser detectado a partir de uma visão de longo alcance. Também podemos vir a compreender que a desordem nos problemas humanos resulta da desordem e desarmonia dentro de cada um de nós e entre nós, e não da Natureza (capítulo 13). Embora às vezes o caos e a violência pareçam predominar, no fundo há sempre sistema e harmonia. Nas palavras de Prem e Ashish, "sob os movimentos caóticos dos eventos encontram-se os padrões eternos da harmonia cósmica."[24]

Uma maneira de começar o processo de aumentar a ordem interna é de notar a simetria que nos circunda, nas formas naturais, na arte, na arquitetura, música, até mesmo nos papéis de parede e nos tecidos. Na medida em que as nossas mentes passam a ficar saturadas com a idéia de simetria, podemos passar para um conceito mais profundo de ordem. Podemos perceber toda a natureza como uma ordem movente, como na música onde todos os ritmos e tons estão harmonizados, todas as partes mantidas unidas em uma estrutura dinâmica. Poderemos até mesmo vir a vislumbrar a realidade da ordem pura como um princípio, não dependente de objetos. Esta percepção pode restabelecer uma ordem interna, regenerando e renovando-nos. Como os cristais se precipitam a partir de um núcleo dentro de um caos de moléculas em movimento na solução básica, podemos criar um núcleo interno de ordem que continuará a crescer na medida em que passa a alimentar-se de uma massa amorfa de experiência. A nossa personalidade externa e mundana pode ficar plena de ordem e beleza, da mesma maneira como os níveis mais profundos da mente superior estão plenos com a ordem da Mente Divina. Embora nós também raramente alcancemos esta realidade em nossas profundezas, somos portadores da ordem divina, que podemos aprender a projetar dentro de nós próprios e para o próprio mundo.

11

Ilusão Sétupla

Existe uma realidade, porém esta realidade tem múltiplas dimensões, múltiplos níveis e múltiplos aspectos. Os físicos e os místicos lidam com aspectos diferentes da realidade.

David Bohm

Apenas em tempos bem recentes consideramos o mundo visível, tangível, como a única realidade. Desde os primórdios do pensamento humano, as pessoas acreditaram que estavam cercadas por reinos invisíveis. Até mesmo hoje povos tribais realizam cerimônias e rituais para contactarem o invisível. No antigo Egito e nas Escolas de Mistérios em toda a parte e em todas as épocas, a importância de reinos e seres invisíveis tem sido reconhecida em rituais sagrados. As religiões do mundo ainda reconhecem tais aspectos insondáveis com suas cerimônias, nas quais procuram contactar algo que está além do mundo físico.

A ciência moderna, baseada no dualismo cartesiano com sua materialidade "sólida", produziu um clima que não é favorável à aceitação do supersensível. Nesta visão, o mundo físico é o mundo real. Esta crença, que tem prevalecido no Ocidente por aproximadamente 200 anos, conduziu aos valores materialistas tão predominantes nos tempos modernos. Contudo, a própria ciência que se originou da filosofia materialista, aponta para reinos em toda parte, ao nosso redor, que não estão acessíveis aos nossos sentidos, reinos que contactamos através da tecnologia e não através do ritual. Ninguém jamais viu a eletricidade, porém as nossas cidades são por ela iluminadas de noite com seus efeitos visíveis. Os nossos aparelhos de televisão e rádio tornam visíveis e audíveis energias invisíveis. O raio-X e o ultra-som precipitam as áreas internas de nossos corpos na forma de imagens visíveis. A ciência ensinou-nos a utilizar energias que jamais veremos ou sentiremos diretamente. Atualmente, através da tecnologia, o invisível e o não visto passam a atuar e afetar o nosso mundo dos sentidos, à semelhança dos antigos que estavam vinculados com mundos invisíveis através do ritual.

Até mesmo um material tão denso como o latão parece menos sólido quando visto no microscópico.

Os cientistas reconhecem agora a validade de realidades que jamais experimentamos diretamente – desde partículas subatômicas até galáxias detectáveis apenas pelas ondas-rádio que emitem. Os nossos sentidos podem responder apenas a uma faixa limitada de freqüências. As abelhas vêem a luz ultravioleta, e as cobras respondem a freqüências infravermelhas, imperceptíveis para nós.

O ultra-som é som real, embora não esteja na faixa que os nossos ouvidos possam sentir. Os raios-X, raios cósmicos, ondas, microondas, deslocam-se constantemente e de forma não detectada através do espaço ao nosso redor. Se pudéssemos perceber todas as influências supra-sensíveis em nossa vizinhança imediata, ficaríamos bombardeados por movimentos energéticos intensos, "uma confusão cheia de zunidos e bulício", muito menos compreensível do que o estranho mundo novo visto pelo recém-nascido. O físico Henry Margenau sustenta que na ciência "simplesmente não podemos ter apenas um conjunto de princípios sobre como a realidade opera. Precisamos levar em conta várias realidades alternativas."[1]

Sete Níveis de Existência

A teosofia leva em consideração "realidades alternativas" na forma de esferas suprafísicas que interpenetram o mundo físico. Entre a unidade numênica fundamental e a solidez e diversidade do mundo físico, há estados ou campos intermediários. Esses estados estendem-se desde os reinos supra-sensíveis mais tênues, próximos do imaterial, até a densidade e peremptoriedade do físico. Como a energia eletromagnética forma um espectro de raios-X de alta energia, extremamente curtos, até ondas-rádio de baixa energia e da extensão de uma milha, esses campos descritos na filosofia esotérica compõem um espectro que se estende desde o mais fino até o mais denso, desde o mais energético e poderoso até a inércia comparativa do mundo físico.

De acordo com a teosofia existem sete níveis e cada qual se caracteriza pelo seu estado próprio, singular de matéria rarefeita, sendo todos, exceto o plano físico, demasiado diáfanos para que possamos registrá-los com os nossos sentidos. Poderíamos imaginar o mundo sétuplo como uma série de esferas concêntricas que se interpenetram, cada qual composta de sua espécie única de matéria supra-sensível. Estes sete reinos eram conhecidos dos antigos e receberam vários nomes em épocas diferentes. Podem ser correlacionados com a filosofia *yogue*, a religião do antigo Egito, o sistema *kabalístico*, os *skandhas* do Budismo e muitas outras tradições.

Grande parte da moderna literatura teosófica, escrita na parte final do século XIX e no começo do século XX, foi publicada antes de ser conhecida a teoria do campo. Os primeiros escritores referiam-se a esses reinos como *planos*. Este termo é útil, porém implica um conceito bidimensional, de camadas de bolo, ao invés da interpenetração que nos é transmitida pela palavra *campos*. A fim de fazer uma conexão com a literatura tradicional, empregarei os dois termos de forma intercambiável, embora *campo* seja um termo mais preciso e moderno.

Na linguagem teosófica moderna, os planos podem ser designados como o físico, o emocional, o mental, o intuicional, o da vontade espiritual, além de mais dois outros níveis espirituais, difíceis de serem caracterizados em termos humanos. São designados por funções humanas, não apenas porque existem em toda a Natureza, mas também porque compreendem os diferentes níveis do ser do homem. O nível mais óbvio deste esquema sétuplo é o mundo físico familiar dos sólidos, líquidos e gases que os nossos sentidos registram ao nosso redor, o mundo da Natureza e das coisas. Interpenetrando o plano físico visível há um nível denominado *etérico* em parte da literatura, que consiste de estados suprafísicos mais refinados que os gases, porém ainda próximos do mundo físico. É uma esfera de alta energia, estreitamente associada com o *prana* ou energia universal, que infunde vitalidade nos organismos físicos. O nível etérico transforma-se gradativamente no campo "astral" ou emocional, que se diz ser muito fluido e brilhante com cores psicodélicas. Este reino é marcado por todas as nuanças de impulsos, de ânsias, retraimento ou sentimentos agressivos, bem como emoções elevadas, tais como a apreciação estética e a devoção. A seguir, vem o campo de *Manas* ou a mente, ainda mais sutil e rarefeito do que o campo astral, e que se caracteriza por uma qualidade mais estável e ordenada. Há dois aspectos relacionados com este campo, um dos quais gravita na direção dos mundos astral e físico e o outro na direção de reinos mais espirituais. Deste campo originam-se o propósito e o significado, e ele reflete a ordem da Mente Divina que é encontrada em toda a parte na Natureza. O próximo campo de *Buddhi,* ou intuição, é numinoso e radiante. Está próximo do Uno e a sua característica notável é a unidade. O nível de *Ātmâ* é o mais rarefeito, essencialmente uno com a Realidade numênica.

Cada um de nós tem sua própria localização em todos os sete níveis. Assim, somos compostos de campos que se interpenetram e mesclam em nós. H.P.B. refere-se ao homem como "uma unidade global e composta de Matéria e Espírito, atuando juntamente em sete planos de existência e consciência."[2]

Embora todos os campos permeiem toda a Natureza, podemos ver a característica especial de cada um mais facilmente através da introspecção. Podemos prontamente perceber a qualidade estável, sólida, de nossos corpos físicos, dominados pela gravidade, de modo que podem permanecer em seus lugares, mostrando a qualidade compacta e pesada, característica do mundo físico. A estabilidade física contrasta com a qualidade maleável e mutável das emoções com sua energia dinâmica. Os antigos chamaram este último reino de o Elemento Água e a água é um símbolo adequado por sua fluidez, tanto em nós como na esfera emocional (ou astral) da Natureza. O etérico liga os níveis físico e emocional, de maneira que as reações físicas acompanham os estados emocionais.

Podemos ver em nós mesmos como as emoções diferem do pensamento lógico, com os seus processos ordenados passo a passo. O pensar é estruturado, ordenador, organizado e não difuso ou com repentinos relampejos, como são as emoções. O pensamento é uma função da mente (*Manas*). Por contraste, a intuição, no sentido teosófico (*Buddhi*), fornece iluminações súbitas. Elas são sempre unificadoras se forem intuições genuínas. Poderiam reunir elementos diferentes em uma síntese ou revelar relacionamentos inesperados. O reino intuicional é também a fonte de inspiração e de muitos estados místicos e expansões da consciência. Reflete a unidade do Uno em várias maneiras.

A vontade espiritual (*Ātmâ*) é o próprio Uno voltado, por assim dizer, na direção do mundo manifestado. Em nós ela é o próprio sentido do eu, de ser um indivíduo, porém, ao mesmo tempo, sendo uno com o Todo. *Ātmâ* é como um ponto de luz em meio a um oceano de luz – maior do que o grande, menor do que o pequeno.

O arco-íris pode simbolizar o espectro formado por esses diferentes níveis. A qualidade única de cada nível pode ser comparada com as cores distintas, cada qual com sua beleza específica, sendo todas necessárias para prover a expressão plena. Na medida em que a luz branca se fraciona nas cores do arco-íris, assim a Vida Una se fraciona nas qualidades dos sete planos. A sua estrutura ordenada revela a Mente Divina, com a sua ordem numênica. Segundo Prem e Ashish, "os sete níveis representam a verdadeira estrutura do cosmos, a verdadeira base fundamental sobre a qual é construído."[3]

A imagem do arco-íris é imperfeita porque os vários níveis não são realmente faixas separadas e distintas com apenas uma pequena superposição. Será conveniente estudar os planos separadamente, porém, eles, jamais estão isolados um do outro, como os sistemas do corpo podem ser estudados separadamente, embora não funcionem apartados um do outro. Os sete campos são formas de energia que se interpenetram reciprocamente – desde o mais diáfano até o mundo físico, visível – que interagem constantemente. Todos os níveis ocupam o mesmo espaço e todos os níveis mais sutis têm impacto no plano físico. Podemos ver uma analogia da interpenetração dos planos em um ímã em forma de barra que está envolto e sujeito tanto ao campo gravitacional (pode cair) quanto ao campo eletromagnético (que resulta na sua atração e repulsão).

Podemos experimentar a interação de diferentes campos em nós mesmos. Cada pensamento nosso é marcado por algum grau de emoção, e todos os sentimentos têm algum pensamento que os acompanha. Tanto o pensamento como o sentimento afetam o corpo e a sua fisiologia. Isto ocorre quando enrubescemos ou trememos de medo, ou quando nos lançamos à ação repentinamente, dando vazão a um impulso. A medicina psicossomática também demonstrou claramente esta relação.

Todos os sete fios estão inextricavelmente entrelaçados na Natureza e em nós. Constituem a matéria-prima da qual são moldadas as formas da Natureza, todos os níveis estando entremesclados num único todo, a palheta de sete cores que constitui o substrato das nuanças e matizes da vida. Os múltiplos níveis da realidade mesclam-se para formar o todo que conhecemos como Natureza.

Evidência de Energias Invisíveis

A visão de mundo da física moderna é muito mais compatível com a idéia das realidades suprafísicas do que foi o mecanicismo e materialismo do século 19. Einstein mostrou que a matéria pode ser convertida em energia. Como existem inúmeros tipos e graus de energias e estados de matéria, a doutrina esotérica de diferentes estados refinados de matéria e de energia é plausível. Assim, a física abriu as portas à possibilidade de reinos imperceptíveis, quando mostrou a realidade de freqüências que ultrapassam a percepção humana.

Existem dados experimentais do campo da parapsicologia que violam uma imagem materialista do mundo e sugerem a presença de energias e de campos até agora desconhecidos da ciência. Por exemplo, um conhecido curador, em condições que impediam qualquer possibilidade de fraude, "tratou" garrafas de água, segurando-as entre as suas mãos. Plantas que foram irrigadas a partir dessas garrafas cresceram significativamente melhor do que as unidades controladas. O experimentador, Bernard Grad da Universidade McGill, não pode encontrar outra explicação senão a de que uma energia desconhecida penetrou na água através do curador.[4] Outro exemplo de energia desconhecida é encontrado em experiências com a psicocinese (PK), a habilidade de afetar a matéria através de meios não físicos. Em uma experiência, crianças com capacidade de atuação em PK foram capazes de dobrar barras retas de alumínio, dando-lhes um formato de S, sem tocá-las, muito embora as barras estivessem fechadas em tubos transparentes.[5] Campos de força detectados ao redor de seres vivos também estão sendo investigados. Burr e Ravitz descobriram tais campos, os quais denominaram de campos de vida ou campos L. Leituras elétricas, feitas em várias criaturas vivas, revelaram informações interessantes. A partir dessas leituras, tornou-se possível prever a produtividade de sementes de algodão. Árvores mostraram ritmos diários, mensais e sazonais de flutuações elétricas que não estavam relacionados a temperaturas, umidade, ou pressão barométrica. Seres humanos mostraram flutuações periódicas de duas semanas, uma descoberta que foi confirmada por 50.000 leituras em 500 voluntários.[6] A fotografia Kirlian também revela campos elétricos vinculados com mudanças em coisas vivas.

Biólogos, trabalhando dentro da estrutura da filosofia holística ampliaram o conceito dos campos L para "campos morfogenéticos", que ajudam a explicar a aparente influência orientadora que molda organismos vivos à medida que eles crescem. Acredita-se que esses campos moldam células, tecidos e organismos em desenvolvimento. Por exemplo, um coração que se forma em um embrião seria moldado por um campo com uma estrutura semelhante a um coração. O fisiologista de plantas Rupert Sheldrake ampliou a idéia dos campos morfogenéticos para explicar o "fenômeno do centésimo macaco."[7] Há evidência de que alguns macacos em uma ilha próxima do Japão começaram a lavar batatas recentemente colhidas e cheias de areia, e que, em seguida, este comportamento espalhou-se para todos os macacos na ilha. Curiosamente, macacos em ilhas próximas, sem contato físico com "os lavadores de batatas", também adquiriram o hábito. Sheldrake estebeleceu a hipótese de um campo por meio do qual pode ocorrer a comunicação dentro de uma espécie à distância e até mesmo em épocas futuras. Imagina-se que este processo de transmissão ocorre de acordo com o princípio de ressonância, da mesma maneira como sucede quando se toca uma tecla no piano, evocando uma resposta de oitavas acima e abaixo da própria tecla. A hipótese dos campos morfogenéticos contribui para explicar muitos mistérios na embriologia e no crescimento de plantas e animais, no comportamento animal e até mesmo na PES (Percepção Extra-sensorial).

William Tiller, renomado cristalógrafo em Stanford, depois de estudar os dados sobre PES e campos L, concluiu que "parece que estamos lidando com novos campos de energia, completamente diferentes daqueles que conhecíamos através da ciência convencional."[8] Ele reconhece que alguns procedimentos experimentais em parapsicologia são questionáveis por ser difícil obter uma experiência "insuspeita" em alguns casos: "todavia, o conjunto dos dados experimentais deste tipo é tão amplo e expande-se tão rapidamente que não pode mais ser negado."[9] Seguindo a filosofia do *yoga* (que coincide com a visão teosófica sobre o homem), ele postula sete princípios que operam no homem, cada qual com o seu próprio tipo de substância e cada qual obedecendo a um dos sete conjuntos singulares de leis naturais. Segundo pressupõe, essas substâncias estão em toda parte na Natureza e interpenetram o corpo humano. O Dr. Tiller conclui que "o universo parece organizar e irradiar informações em dimensões outras que apenas a estrutura espaço-temporal física."[10] A evidência também fez com que concluísse que "em algum nível estamos todos interligados reciprocamente e com todas as coisas neste planeta."[11]

Tiller está na vanguarda da ciência, que abriu para estes mistérios apenas um pequeno espaço. Até mesmo a moderna parapsicologia apenas arranhou a superfície dos mundos invisíveis apresentados na filosofia esotérica, e que contêm profundezas enormes, não imaginadas por qualquer pesquisador moderno não familiarizado com o tema. Cientistas como o Dr. Tiller, que ousam explorar as tradições antigas, procurando sua correlação com descobertas modernas, poderão desvendar uma parcela progressivamente maior dos reinos ocultos da Natureza. Tempo virá, talvez, quando cientistas e videntes, em vez de se preocuparem com esferas separadas, investigarão os mesmos aspectos da realidade e chegarão a uma visão compartilhada.

Os Sete e o Uno

De acordo com a teosofia, a matéria dos sete planos é formada da realidade fundamental do Uno. Podemos pensar sobre os níveis que surgem do imanifestado, cada qual, por sua vez, dando origem ao nível subseqüente de densidade, da mesma maneira como o vapor d'água invisível pode transformar-se em nuvens, depois em água e depois em gelo. Através de estágios, o Uno incipiente e luminoso expande sua potencialidade com crescente peremptoriedade e densidade. A luz radiante, não fracionada, se condensa e cristaliza progressivamente numa miríade de formas distintas.

Num certo sentido, os campos ou planos mais sutis e diáfanos estão mais próximos do Uno, mais "espirituais." Mas, ao mesmo tempo, *Ātmâ* ou o Uno no nível mais alto da manifestação, está forçosamente presente em todos os níveis. Constitui tanto o degrau mais alto da escada, como toda a própria escada. Como a eletricidade, o *Ātmâ* está em toda parte, embora geralmente imperceptível. Não podemos ver a eletricidade nos elétrons, nas ondas cerebrais e nas descargas elétricas dos seres vivos. *Ātmâ,* também, está em todos os átomos do universo e permeia toda a Natureza, todos os níveis. Mais ainda, constitui o poder animador em tudo o que existe, a realidade fundamental subjacente a todas as formas, a vida interna de toda a manifestação. Todos os planos são apenas diferenciações da Realidade única, na qual repousam. Nas palavras de H.P.B:

> "*Ātman* está em todos os átomos do universo, os seis princípios na Natureza são todos o resultado – os aspectos variadamente diferenciados – do Sétimo e Uno, a Realidade única no universo."[12]

Mas até mesmo o sétimo princípio, do qual emergem os demais, "nada é senão um raio temporário e periódico da Chama Una de Fogo, eterna e infinita."[13] H.P.B. vislumbra o mundo da manifestação como "um filme para propósitos criativos e formadores" que "se manifesta em sete estados".[14] A matéria, em todos os seus estados, é o veículo que responde aos impulsos criadores da Mente Divina. Conforme descrito pelo Dr. I.K. Taimni, o universo não é senão a manifestação exterior de uma grande consciência espiritual que tem o poder inato de diversificar a sua energia pura e homogênea em muitos níveis de sutileza e de projetar, finalmente, a forma material.

O Mundo Ilusório

O arco-íris simboliza os planos da Natureza por uma razão outra que não as suas faixas ordenadas de cores: a sua evanescência e qualidade ilusória são como o mundo manifestado em relação ao eterno Uno. O arco-íris constitui o efeito fugaz da luz branca que se refrata através das gotículas de água. Em uma escala muito maior, tudo o que existe através do cosmos nada é senão o efeito temporário, efêmero da vida Una que se refrata através da tela da objetividade. De acordo com *A Doutrina Secreta:*

> "O universo, com tudo o que contém, é chamado *Māyā* (ilusão), porque tudo nele é temporário, desde a vida efêmera de um vagalume àquela do Sol. Comparado com a imutabilidade eterna do Uno e à permanência daquele Princípio, o Universo com suas evanescentes formas sempre cambiantes, necessariamente... não será melhor do que um fogo-fátuo."[15]

Prem e Ashish explicam como a realidade Absoluta é obscurecida pelo nascimento do mundo manifestado: "O Acima, ou os princípios imanifestados, são 'excluídos', enquanto o Abaixo, ou os princípios manifestados, são deixados como a Grande Ilusão, o jogo mágico ou *Māyā*."[16]

Sabemos que o mundo visível é constituído de moléculas que consistem de agregados de átomos, e que os átomos resultam de ondas projetadas em campos de força não materiais. Não podemos perceber diretamente esses campos subjacentes a todos os objetos físicos. A nossa percepção é limitada a um aspecto, a uma revelação parcial da realidade subjacente. O mundo dos sentidos é incompleto, ilusório, porque se baseia naquilo que está fora do alcance dos nossos sentidos. A teosofia ensina que, de modo similar, vemos apenas aspectos parciais no mundo manifestado, não a totalidade. Não podemos captar a realidade das coisas no momento quando "passam como um relâmpago através do mundo material", onde os nossos sentidos registram apenas determinados aspectos da existência material, segundo as palavras de H.P.B. Vemo-las separadas de suas conexões orgânicas, supra-sensíveis e desprovidas de seus relacionamentos universais. Podemos compreender apenas um grau da realidade, aquilo que é ilusório e impermanente. Portanto, segundo o *Sutra Imutável*:

> "Os fenômenos da vida podem ser comparados a um sonho, a uma bolha, a uma sombra, ao orvalho brilhante, ao clarão do relâmpago; e assim deveriam ser contemplados."

Não obstante, o mundo que vemos apenas parcialmente é suficientemente real para nós enquanto nele nos encontramos. Temos de nos conformar com a sua realidade parcial em nossas vidas diárias, em nossa situação física. Por exemplo, não podemos dirigir no trânsito sem uma percepção aguda da realidade física. Mas ficamos tão submersos na ilusão que perdemos a visão de uma realidade subjacente mais ampla, como em um sonho que não compreendemos que estamos sonhando. Às vezes, percebemos um vislumbre de luz do além; um lampejo intuitivo dá-nos uma indicação de algo que transcende os "particulares perecíveis." Podemos vislumbrar a insubstancialidade de nossas vidas, como Walt Whitman indica no seu poema "Aparências":

> "Por vezes, quão estranho e límpido para a alma. Que todos esses objetos sólidos são realmente nada senão aparições, conceitos, não-realidades."

Um aspecto importante do crescimento espiritual reside no cultivo de uma visão maior, mais completa, de desenvolver uma atitude subjacente que ultrapassa as aparências superficiais. Na trajetória da consecução deste objetivo, podemos vir a compreender por nós próprios que cada um de nós é constituído de sete princípios inerentes aos sete princípios cósmicos, da mesma maneira como os nossos corpos são constituídos da mesma matéria que compreende todo o cosmos físico. Estamos conectados com o universo em todos os níveis e, portanto, temos um potencial muito mais rico do que começamos a expressar. Nas palavras de H.P.B., "cada um dos sete princípios do homem é herdeiro pleno e co-partícipe dos sete princípios da 'Grande Mãe', (a vida universal de tudo)."[17]

A meditação e as práticas do *yoga* nos mostram como começar a ativar camadas dormentes de nossa consciência, como despertar para um espectro mais amplo da existência, uma visão mais abrangente e compreensiva. Nas palavras de Ravi Ravindra, um professor tanto de física como de religião, "... o *yoga* é aquele ensinamento pelo qual o inaudível passa a ficar audível e o invisível passa a ser visível... Tornamo-nos receptivos a uma ordem da realidade completamente diferente, mais sutil e mais abrangente."[18] Na medida em que começamos a realizar os sete princípios em nosso interior, de forma progressivamente mais intensa, e compreendemos sua relação com o Uno, descobriremos todas as sete cores do arco-íris dentro e ao redor de nós, e também a luz branca da qual se originam.

12

Desenvolvimento Progressivo

A Doutrina Secreta ensina o desenvolvimento progressivo de tudo, tanto de mundos como de átomos; e este estupendo desenvolvimento não tem começo concebível nem fim imaginável.

H.P. Blavatsky, A Doutrina Secreta

A evolução não pertence apenas ao período dos primitivos vulcões terrestres, dos dinossauros e primatas do passado distante – uma história antiga, totalmente removida de nossas vidas diárias. Constitui um princípio vivo que está atuando dentro de nós agora. Sempre quando, sem esforço, movemos uma mão para segurar algo, para construir, para escrever ou para acariciar, estamos fazendo uso de uma habilidade que levou milhões de anos para desenvolver-se. Quando inconscientemente focalizamos os nossos olhos para trabalho próximo ou olhamos para distância, com percepção de profundidade, ou quando classificamos e categorizamos ou pensamos de forma lógica, devemos isso a seqüências complexas de desenvolvimento que tiveram início no passado distante. Quando usamos as surpreendentes habilidades, compartilhadas por organismos altamente desenvolvidos, raramente pensamos nas eras de evolução por detrás delas, ou reconhecemos que toda a seqüência evolutiva está presente em nós agora ou que, latente nas profundidades de nosso subconsciente, encontra-se a semente de todas as capacidades futuras que nós e a nossa espécie desenvolveremos. Compreender a evolução é compreender a nós mesmos.

A Doutrina Secreta descreve a evolução em grande escala, cósmica e espiritual, bem como física. Ela visualiza a Realidade fundamental imaterial como a fonte criadora da qual emergem as inúmeras correntes da vida. O nosso mundo finito desenvolveu-se de dentro para fora, como resultado final da lenta e gradual emanação da fonte infinita – a Mente Divina. Assim, a teosofia afasta-se da ciência no seu relato da rica e diversificada manifestação de formas vivas que a evolução produziu. Enquanto os cientistas consideram geralmente a matéria como sendo a origem da vida, de acordo com a teosofia, forças numênicas invisíveis moldam as diferentes formas, na medida em que surgem e se vão, obedecendo a um desígnio oculto. A Fonte transcendente continuamente sustenta e apóia toda a existência, como mantém unidas todas as partes em relação dinâmica com o Todo.

A teosofia afirma que o ímpeto para a evolução das formas se origina da ânsia de liberar o potencial da consciência e não, como os cientistas crêem, de mudanças fortuitas no lado material. A ciência, que pode estudar apenas a história das formas, não pode vislumbrar a potencialidade subjacente da consciência, atuando através da Mente Divina para criar formas adequadas para sua encarnação em diferentes fases. H.P.B. esclareceu que "todas as coisas tiveram sua origem no Espírito – a evolução começou originalmente de cima e procede para baixo..."[1] A forma não é senão a expressão da consciência em um determinado nível de desenvolvimento. A consciência, sob o aspecto da Mente Divina, o lado subjetivo da Natureza, é a força motora subjacente à evolução.

Todos os princípios metáfisicos básicos estão envolvidos e desenvolvem um papel nesse fenômeno da evolução: unidade, tempo, espaço, movimento, polaridade, campos e planos, ciclos. Cada princípio é ativado e vem à existência no mundo sempre cambiante, na medida em que evolui para exprimir o potencial divino, de forma cada vez mais acentuada. O espaço e o tempo, ou o espaço-tempo da teoria da relatividade, são o palco no qual se desenrola o drama da evolução. Mas é um palco estranho, vivo, no qual os atores são constituídos da mesma matéria do palco, talvez de modo parecido a um filme cinematográfico, cujas imagens basicamente não são diferentes da tela. O tempo surge com a primeira palpitação de vida que desperta nas profundezas do Espaço Escuro. Naquele momento tem início todo o estupendo ciclo evolucionário, talvez de uma maneira semelhante a que os cosmologistas modernos descrevem pela expressão "Big Bang". O movimento e a mudança dão início a uma cadeia infindável de existência que origina elos cada vez mais complexos, continuamente, e abrangendo períodos de tempo inconcebíveis. Finalmente, todo o enorme esquema é reabsorvido mais uma vez em um *pralaya* ou noite do Espaço Escuro, quando mais uma vez "o Tempo não existia porque estava adormecido no Âmago Infinito da Duração."[2] Até então o tempo e o Espaço Brilhante de um universo vivo apoiarão a evolução, na medida em que ela desenvolve formas cada vez mais sensíveis.

A Expansão da Consciência

H.P.B. enfatizou que a evolução é *causada* e está longe de ser uma seqüência aleatória como muitos cientistas ainda sustentam. Ela indica claramente que a evolução tem direção: "toda a ordem da Natureza revela uma marcha progressiva na direção de uma vida superior"[3] Todo o vasto esquema evolucionário libera os poderes da consciência – através da sensibilidade mais elementar da planta e até mesmo dos reinos minerais, até a inteligência super-humana ainda a ser desenvolvida. Formas como a forma humana, com seu cérebro extraordinariamente complexo, podem funcionar com novas ordens de inteligência que estão muito além daquelas das formas primitivas simples. A evolução avança para produzir formas cada vez mais sensíveis, através das quais possam manifestar-se graus maiores de consciência e até mesmo potencialidades mais amplas da Mente Divina.

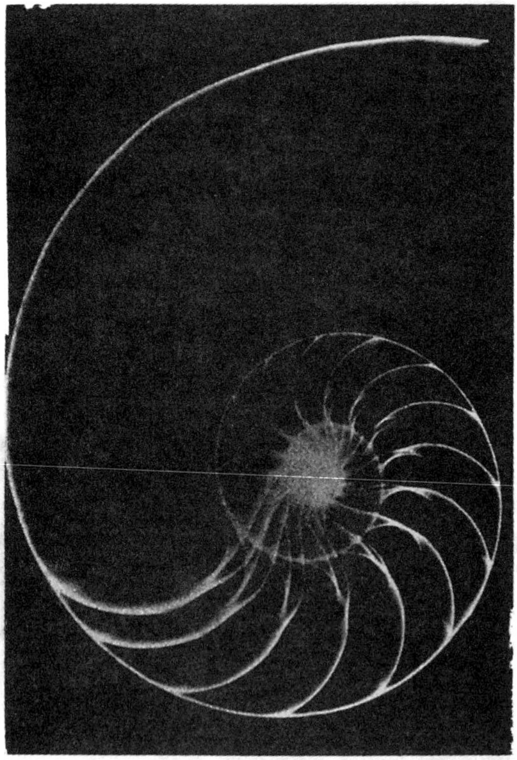

A espiral é um símbolo universal da evolução.

A direção da evolução torna-se óbvia quando olhamos os reinos da Natureza. Como mostrou Teilhard de Chardin, o impulso é na direção da "complexificação" das formas acompanhada da evolução da consciência. Na medida em que as formas se tornam mais complexas, a vida consciente, o "cerne das coisas", segundo as palavras de Teilhard, torna-se mais rico, mais sutil, mais variado. Até mesmo no nível material mais básico, as rochas reagem ao imenso calor e pressão nas profundezas da terra, até a lenta pressão da água corrente, estendendo-se ao efeito desintegrador da vida vegetal. Embora Teilhard concorde com a teosofia de que até mesmo aqui existe uma vaga consciência, a vida interior dos minerais deve ser tênue e difusa. As plantas projetam-se na direção do sol com as suas folhas à medida que suas raízes penetram na terra. Respondem à musica e até mesmo à comunicação humana. Os animais, desde os vermes aos chimpanzés, sentem um determinado grau de dor e prazer, seja resultante da ligeira ardência de um ambiente ácido ou como demonstrado pelas artimanhas engraçadas dos filhotes. Juntamente com as complexidades do corpo humano, a evolução deu ao homem sensibilidades e capacidades tais como para a matemática e as artes que jamais poderiam ser prognosticadas com base em nosso parentesco animal mais próximo. A vida desenvolve continuamente organismos que são cada vez mais responsivos às demandas internas da consciência. A evolução avança com formas progressivamente mais complexas, que exprimem uma vida interior cada vez mais rica.

A ciência e a teosofia reconhecem, ambas, que, apesar da diversidade das formas, a evolução confirma a unidade da vida. Os evolucionistas concordam que todas as coisas vivas compartilham um passado que se perdeu nas brumas do tempo, do qual surgiram a partir das formas de vida unicelulares mais arcaicas. As plantas, animais e microorganismos compartilham uma linguagem universal com o homem – o código pelo qual o seu DNA comunica as suas diretrizes. Todas as coisas vivas crescem como totalidades e organizam-se na direção do objetivo comum de expressarem mais perfeitamente as características e funções que lhes são inerentes. Tudo isto se realiza em um meio que depende da evolução anterior de nossa Galáxia, do nosso Sol, da Terra e dos elementos químicos, os quais foram todos essenciais para o frágil equilíbrio da química, temperatura e outros fatores necessários para que a vida pudesse despontar. Assim, todas as coisas vivas têm as suas raízes não apenas na Terra, porém no próprio Universo. Todas são inerentes no Uno.

A Hipótese do Acaso

Um crescente número de cientistas está passando a crer, como os teosofistas, que todas as condições necessárias para que a vida pudesse despontar não se poderiam ter realizado, ao mesmo tempo, apenas por acaso. Sir Frederick Gowland Hopkins, que foi o primeiro a descobrir determinados aminoácidos necessários para a nutrição humana, descreveu a origem da vida como "o exemplo mais improvável e mais significativo na história do universo". Em recentes décadas, os aminoácidos, os complexos grupos formadores de proteínas, surgiram no laboratório sob condições simuladas que prevaleciam na terra primitiva, e fragmentos de DNA e de açúcares vitais para a vida foram sintetizados. Mas o mistério ainda encobre a maneira como os inúmeros fatores complexos necessários à vida se combinaram na Natureza para compor organismos vivos. H. Quastler, um bioquímico, está entre os inúmeros cientistas e matemáticos que tentaram pesar a probabilidade contra a coincidência de todos os inúmeros fatores necessários à vida. O seu número é 10^{-301} – uma possibilidade inimaginavelmente remota de que a vida pudesse ter surgido apenas por acidente.[4] Alguns acham que a idade incomensurável da Terra torna mais provável a hipótese do acaso, mas os matemáticos que avaliam as probabilidades não compartilham a mesma opinião.

Complexificação

Muito embora a ciência tenha progressivamente retrocedido à explicação da vida, ela não respondeu às questões fundamentais sobre o impulso na direção de formas de vida cada vez mais altamente desenvolvidas e sensíveis. "A sobrevivência do mais apto" não pode explicar porque a vida deveria ter avançado além de organismos unicelulares que estão eminentemente adequados e ainda sobrevivem hoje em dia. As coisas vivas "ascendem", por assim dizer, para uma ordem progressivamente maior, ao invés de seguirem a Segunda Lei da Termodinâmica que prevê "a morte termal" através de entropia máxima, na medida em que o calor e a energia se dispersam igualmente através do espaço. O que governa este impulso e esforço? Haverá um princípio dentro do próprio processo da vida que impele à luta para a auto-realização? Como poderiam as criaturas vivas ver o resultado do acaso?

Albert Szent-Gyorgy, laureado com o prêmio Nobel em bioquímica, sugeriu que o impulso na direção de uma ordem maior e mais complexa pode constituir um princípio fundamental da Natureza. Ilya Prigogine, um químico-físico belga, avançou ainda mais com a explicação. Ele conquistou o prêmio Nobel pelas suas formas matemáticas que explicam como surge uma maior complexidade. Ele demonstrou matematicamente que sistemas abertos como sementes, ovos, ou quaisquer criaturas vivas (estruturas dissipativas em suas palavras) ao atingirem determinado grau de complexidade, tendem a desintegrar-se. A energia que mantém unidas as suas células, partículas subatômicas e outros níveis de organização é ligada de forma menos estável em sistemas complexos. Contudo, os componentes em vez de simplesmente dispersarem-se, tendem a se reorganizar num novo todo, porém, em um nível de complexidade mais elevado. É como se algum brinquedo complexo se desintegrasse em virtude do seu próprio peso. Mas, ao invés de ficar amontoado, as peças reagrupam-se em uma forma ainda mais complexa.

As implicações dessa surpreendente descoberta estão apenas começando a ser analisadas, mas parecem constituir uma nova peça a ajustar-se no quebra-cabeças da evolução. Este conceito adapta-se muito bem à visão teosófica. Sugere, especificamente, como a evolução é impelida pela inteligência ou consciência interior, a Mente Divina, para desenvolver formas mais complexas a fim de exprimir graus de consciência progressivamente maiores. Isto ajuda a explicar como, apesar das inúmeras imperfeições e becos sem saída na evolução, a vida continua a evoluir em ordens de inteligência progressivamente mais elevadas.

Tipos e Arquétipos

H.P.B. explica que a grande variedade de formas resulta porque a evolução revela sistematicamente os arquétipos divinos, as Idéias de Platão. As formas desenvolvem-se através da evolução de acordo com o padrão que lhes foi impresso pelo arquétipo que governa a sua estrutura específica. Existem distintos tipos, famílias e gêneros porque diferentes grupos são moldados por diferentes padrões ou arquétipos estruturais imateriais. As lacunas no registro dos fósseis poderiam ser preditas com base nesta visão, assim como diferentes tipos de forma são governados por diferentes padrões arquetípicos.[5]

A evidência nos mostra esta realidade. O movimento de avanço da evolução nem sempre é gradual. A diferença na vida consciente entre minerais, plantas, animais e seres humanos não é apenas uma questão de grau, mas, na realidade, uma transformação, um salto para uma outra ordem de existência. O biólogo Theodosius Dobzhansky chamou a cada salto desse tipo uma "nova transcendência." Lacunas gritantes também aparecem entre células destituídas de núcleo e aquelas que possuem um núcleo, invertebrados e vertebrados, répteis e pássaros, vida marinha e formas terrestres. A teoria neo-Darwiniana convencional, que postula uma mudança contínua e progressiva do simples para o complexo, não pode explicar as inúmeras lacunas notáveis abertas no registro fóssil.

D'Arcy Thompson, zoólogo e matemático, postulou um "princípio de descontinuidade", para o qual encontrou evidência entre formas orgânicas e também inorgânicas. Ele estudou Pitágoras e, como um geômetra grego, viu na Natureza traços de formas abstratas de um mundo ideal. Os hexágonos da colméia e a casca da tartaruga, o chifre do carneiro, a trilha de uma mariposa, todos exteriorizam perfeição matemática. Através da análise matemática das formas, Thompson achou que a forma "boa" freqüentemente mostra regularidade simples e numérica. Ele mostrou que as formas e estruturas de diferentes animais relacionados exprimem variações de uma forma constante, matematicamente definida. Recentemente esta percepção foi testada, desenhando-se figuras em um computador. A forma básica de uma concha em espiral pode ser modificada desde o formato de um náutilo para aquela de um molusco e desse para a de um caracol, mudando simples gradientes como a taxa do crescimento em uma direção.

Thompson estava convicto de que diferentes configurações geométricas definem vários tipos na Natureza. As formas, dentro de um tipo, podem ser transformadas reciprocamente, porém, os diferentes tipos baseados em geometria diferente distinguem-se e não podem ser convertidos uns em outros. Ele afirmou: "um 'princípio de descontinuidade' está então inerente em todas as nossas classificações, sejam matemáticas, físicas ou biológicas. A Natureza prossegue de *um tipo para outro*... buscar degraus entre as lacunas intermediárias equivaleria a uma permanente procura em vão"[6].

Na sua teoria dos "equilíbrios pontilhados", o biólogo Stephan Gould provê um mecanismo que forneceria uma chave para algumas das lacunas encontradas na evolução. Ele acredita que a mudança pode ocorrer em um breve e intenso impulso entre estados estáveis, quando uma subpopulação migra e torna-se isolada. Em tais condições, a mudança genética pode prosseguir muito mais rapidamente do que em uma população grande.[7] Esta visão da evolução coincide com alguns ensinamentos esotéricos, que descrevem esta segregação como os meios através dos quais evoluem novos tipos humanos. Não estabelece necessariamente um conflito com o conceito dos arquétipos que guiam o desenvolvimento das formas a partir do interior, mas, ao contrário, fornece uma chave sobre um método em que os potenciais da Mente Divina são ainda mais liberados.

Através de sua análise matemática das formas vivas, D'Arcy Thompson deu um passo grande na biologia em direção à posição teosófica. Ele percebeu que mudanças na forma são menos devidas a pressões do ambiente externo do que ao desenvolvimento de um plano ou arquétipo "interno", pois, nas palavras de H.P.B., "o Universo é operado e guiado de dentro para fora."[8]

Pré-adaptações constituem outro dos mistérios da evolução, para o qual a teoria atual não tem resposta satisfatória. Por que determinados répteis deveriam começar a desenvolver estruturas ósseas "inúteis" que somente mais tarde se transformam nas asas das aves? Por que as barbatanas de determinados peixes, destinados a jamais abandonarem a água, deveriam modificar-se para um sistema ósseo que posteriormente apoiaria os seus descendentes em terra firme? Parece como se características "inúteis" como essas tivessem surgido por causa de desenvolvimentos futuros ou, em termos teosóficos, o desenvolvimento de potencialidades maiores dos arquétipos.

Conforme temos visto, muitos biólogos agora concordam que as coisas vivas possuem em seu interior um impulso básico na direção de formas superiores de organização. Muitos consideram o potencial para formas superiores de vida como residindo na primeira célula que surgiu ou até mesmo na própria matéria. *A Doutrina Secreta* afirma que todos os átomos e partículas estão impregnados com a Mente Divina, que os energiza em direção a níveis mais elevados de organização e que toda a potencialidade divina está inerente em toda a parte; através da evolução, ela se desenvolve lentamente. A primorosa ordem da Mente Divina e seus arquétipos continuamente pressiona em sentido descendente e para o exterior, para revelar-se mais plenamente em formas cada vez mais complexas.

De acordo com a teosofia, a incorporação dos arquétipos não constitui um processo mecânico, no qual uma planta é exatamente copiada. Os arquétipos constituem realmente motivos, ou temas, que estão sujeitos a infinitas variações. Borboletas, por exemplo, podem ser encontradas em cores e formatos aparentemente inumeráveis, mostrando a riqueza criativa dos arquétipos que exprimem. Até hoje novas espécies de vários tipos de criaturas estão despontando em todas as partes do mundo. Parece que a Mente Divina usa as formas como um pintor usa a sua tela – para corporificar o rico potencial imaginativo da mente. Nas palavras de Von Bertalanffy, a evolução "parece ser uma cornucópia de evolução criadora, um drama pleno de suspense..."

Involução e Evolução

A evolução revela o potencial divino através de ciclos e

estágios de desenvolvimento ordenados. O princípio dos ciclos está entremesclado com a evolução em todos os pontos. Os arquétipos se precipitam como formas progressivamente mais complexas no mundo material, de acordo com o desenvolvimento cíclico da consciência, como as grandes idades geológicas em parte revelam. O desenvolvimento seqüencial do potencial do arquétipo, do simples para o complexo, prossegue ciclicamente, de acordo com uma ordem interna – no "pensamento Divino... está oculto o plano de toda futura Cosmogonia."[9]

Juntamente com os ciclos de evolução da forma que podem ser estudados por cientistas, a teosofia aponta para um ciclo precedente de involução, no qual a consciência passou a penetrar progressivamente mais na matéria; há uma "evolução dupla em duas direções contrárias."[10] H.P.B. fala da "interação de dois princípios na Natureza, o Princípio Consciente interno, adaptando-se à natureza física e as potencialidades inatas desta última."[11] Através desse processo duplo, a consciência gradualmente passa a ficar concreta e a matéria espiritualizada. Na primeira fase, a consciência pura, o aspecto "espiritual" dos dois pólos primordiais," mergulha cada vez mais profundamente na materialidade."[12] No lado material desta fase, os planos da Natureza são construídos por graus, do sutil para o concreto, até que surge finalmente o mundo físico denso através de "uma gradual materialização das formas, até que seja alcançada uma forma fixa última..."[13] Todo este esquema tem a duração de eras e eras incontáveis e se desenvolve de acordo com o desígnio cósmico. O movimento é do informe, incipiente, homogêneo, na direção do diferenciado e materializado. A consciência torna-se cada vez mais definida, limitada, aguda, focalizada, na medida em que penetra em formas cada vez mais complexas.

Na metade do ciclo, a direção muda, e o movimento desloca-se em sentido ascendente. As formas gradualmente tornam-se mais refinadas e etéricas, e a consciência é liberada progressivamente de sua prisão em formas separadas até o seu estado primordial de unidade não diferenciada. "No arco descendente, é o espiritual que gradualmente se transforma no material. Na linha do meio da base, espírito e matéria estão equilibrados no Homem. No arco ascendente, o espírito lentamente se reafirma, às custas do físico ou da Matéria."[14] No fim do ciclo, tudo é retraído para um estado homogêneo de unidade desimpedida – "a evolução perpétua, interminável, revolve-se em círculos em seu progresso incessante através de eras de duração até o seu estado original – Unidade Absoluta."[15]

A Doutrina Secreta esboça muitos estágios no vasto esquema, designando-os como Cadeias, Rondas, Raças. Cada ciclo e subciclo tem sua fase de involução, na qual se desloca de campos suprafísicos até o físico e depois evolui de volta para reinos suprafísicos. H.P.B. descreve períodos de tempo inimaginavelmente longos, nos quais ondas de vida produziram formas minerais, vegetais e animais que foram as predecessoras das formas que atualmente conhecemos. Ela pinta um quadro do homem se desenvolvendo em reinos suprafísicos, ao mesmo tempo em que o mundo físico estava se desenvolvendo e solidificando. *A Doutrina Secreta* postula "o nascimento do homem astral antes do físico, sendo o anterior o modelo para o último."[16] Finalmente, a consciência humana habita um corpo físico, ainda no arco da involução, com a consciência ainda não firmemente implantada. Os seres humanos continuam a evoluir em todos os níveis, espiritual, intelectual, emocional e físico. O biólogo Erich Jantsch percebeu que o homem vive em mais níveis do que as formas primitivas de vida." Contemos em nosso interior toda a evolução, mas ela é orquestrada numa extensão mais plena e rica do que nas formas de vida menos complexas."[17]

Tudo o que sempre entrou na formação da nossa terra está enterrado em alguma parte no nosso presente. O tempo avança levando consigo tudo que existiu antes. Como o homem velho carrega o seu passado dentro de si mesmo e é a testemunha atual e o resultado de tudo o que ele sempre foi, assim o mundo, com suas inumeráveis formas, povos e culturas, surgiu, como a fênix, das cinzas do passado. O mundo de hoje e cada um de nós que o compartilha somos, em certo sentido, a história viva.

O Homem, Componente Central da Evolução

H.P.B. faz a afirmação surpreendente de que "tudo na Natureza tende a tornar-se homem"[18] – que toda a Natureza tende a desenvolver o potencial humano. Ela também sustenta que o homem é "a obra-prima da evolução." Ela vê os seres humanos como o repositório da divindade, a integração de espírito e matéria para a qual a evolução é atraída." Toda a forma na terra, toda partícula (átomo) no Espaço, luta em seus esforços em direção à autoformação, para seguir o modelo que lhe foi colocado no 'Homem Celestial'... O Homem é a mais elevada forma física e última nesta Terra... a culminância das encarnações divinas na Terra."[19] Embora ainda não esteja finalizado, o homem claramente indica a direção da evolução rumo ao desabrochar de extensões progressivamente superiores de consciência e mente.

No meio de todo o esquema, um equilíbrio de consciência e matéria é alcançado no homem. A ênfase, daí em diante, não mais reside na evolução física, mas no florescimento da consciência. De acordo com *A Doutrina Secreta*, a mudança para uma vida consciente mais intensa já foi alcançada, e apenas iniciamos o impulso ascendente. Passamos pela fase mais separativa e diferenciada de nosso longo ciclo e apenas começamos a retornar em direção à unidade consciente. Este ponto fundamental na evolução está ocorrendo profundamente na consciência de cada um de nós.

Desde que o homem dominou o cenário terrestre, a evolução física quase chegou a uma parada, exceto por variações menores. Não se conhece nenhuma nova espécie principal a emergir durante os últimos milhões de anos. Muitos pensadores eminentes concordam que a evolução se revestiu de um caráter totalmente diferente e é agora psicológica e cultural em vez de biológica. Nas palavras de Alfred Korzybski, o pai da Semântica Geral, o homem tem um modo único de evolução. Ele é um "encadernador do tempo"; isto é, ele transfere as suas realizações de uma geração para a próxima através da linguagem. A evolução humana baseia-se na cultura em vez de na genética. Isto permitiu que o homem se desenvolvesse a uma taxa fenomenal, muito mais rapidamente do que as lentas mudanças genéticas que governaram a evolução pré-humana.

Autoconsciência

Uma característica exclusivamente humana é a nossa habilidade de observarmos a nós próprios, nossos pensamentos e sentimentos, de nos afastar-nos mentalmente da situação imediata e avaliá-la. Em outras palavras, somos *autoconscientes*. Esta capacidade conduziu a outras habilidades singularmente humanas. Aumentou enormemente o nosso poder de escolha, baseado no planejamento e na previsão do futuro. A escolha conduz a um grau de responsabilidade totalmente novo para com as nossas ações. A autoconsciência também está subjacente na linguagem e no uso de símbolos, na matemática, música e pensamento abstrato.

De acordo com a teosofia, este salto dramático, ainda não plenamente efetivado, não foi herdado dos predecessores do homem na evolução. Ao invés disto, introduziu uma nova dimensão da evolução implantada no organismo humano a partir de uma fonte espiritual. O médico e filósofo Le Comte du Nouy suspeitou isto:

"...parece existir uma lacuna intelectualmente intransponível entre a evolução da vida e do homem como tal. O homem é ainda um animal pela sua própria estrutura... não obstante, ele também trouxe para o mundo, de uma fonte desconhecida, outros instintos e idéias especificamente humanos que se tornaram extraordinariamente importantes..."[20]

H.P.B. declara que o despertar da mente no homem resultou de uma nova fusão da Mente Divina na Natureza. Embora a Inteligência divina esteja difundida através de toda a Natureza, na mente do homem existe um foco mais direto, uma conexão nova, mais íntima, com o mundo físico. O homem é o portador da Mente Divina de uma maneira não encontrada em outros reinos. Ela funciona mais plenamente dentro de sua consciência e ser interior.

O impacto pleno desta nova dimensão reside muito distante no futuro; o potencial interior de nossas mentes está ainda apenas muito parcialmente desenvolvido. O biólogo Theodosius Dobzhansky acredita que o desenvolvimento de nossas potencialidades está "longe de estar exaurido... o homem terá de desenvolver-se como o portador do espírito e da preocupação última."

Desenvolvimento Futuro

Os psicólogos hoje concordam ser normal continuar a crescer e a desenvolver-se durante a idade adulta. O psicólogo humanista Abraham Maslow estudou este processo, e Jung percebeu a individuação como a principal direção para o crescimento humano. Teilhard de Chardin viu a humanidade como todo um movimento na direção de uma maior "hominização", tornando-se mais humana. Estas são versões menores da doutrina teosófica da realização e expressão graduais dos poderes inatos do homem. Vislumbramos a direção do crescimento humano em tais predecessores da corrente mais avançada da humanidade como Platão, Einstein, Leonardo, Jesus, Buda. Gênios em todos os campos através da história não apenas nos deixam a herança de seus vislumbres criativos. Revelam também as possibilidades da mente humana, possibilidades que todos nós desenvolveremos um dia. Em futuras eras, daqui a milhares e dezenas de milhares, até mesmo milhões de anos, desenvolveremos poderes da mente, intuição e vontade não sonhados em nosso estado atual.

Estamos agora em um ponto crucial na evolução. Até o surgimento do homem, a evolução foi inconsciente e automática, impelida pelo ímpeto da Mente Divina sobre a Natureza passiva e receptiva. Com o nascimento da autoconsciência, nós próprios ganhamos o poder de nos tornarmos agentes da evolução. Porque podemos escolher os nossos sentimentos e pensamentos internos, temos a possibilidade de autocontrole e autodireção. Isto nos dá algum grau de controle sobre o nosso ambiente e o nosso mundo. A nossa evolução é agora auto-induzida através de nossas próprias decisões e esforços. Muito embora o pleno desenvolvimento da autoconsciência e escolha ainda não sejam aparentes, somos capazes, em alguma medida, de escolher aquilo que desejamos exprimir e ser, e aquilo que o nosso mundo será. Podemos começar a dirigir conscientemente a nossa própria evolução, tanto como espécie como também individualmente.

Como raramente pensamos no desenvolvimento de longas eras que jazem por detrás de nosso atual estado de ser, assim, enclausurados no presente momento, não vislumbramos o imenso potencial à nossa frente. Toda a capacidade e habilidade destinadas a evoluírem na humanidade futura já se encontram latentes dentro de cada um de nós agora. Todo potencial do Uno, da Mente Divina, está presente desde o início, aguardando apenas o tempo e ambiente apropriados para emergir na manifestação. Possuímos potencialidades incontáveis em nosso interior.

Não precisamos aguardar que o horário da Natureza se desenvolva. Podemos até mesmo agora começar a apressar o nosso crescimento e desenvolvimento interior. Podemos ampliar as nossas mentes para compreender grandes princípios, desenvolvendo assim níveis mais elevados de pensamento. Podemos também penetrar na esfera intuitiva através da profunda contemplação e meditação silenciosa para encontrar uma fonte interior de sabedoria original. Podemos tentar universalizar as nossas atitudes em relação a terceiros, experimentando cada um como uma expressão da Vida Una, em um nível específico de desenvolvimento, começando a expressar o amor universal e a compaixão. Na medida em que trabalhamos conscientemente para desenvolver as nossas capacidades mentais e espirituais, estamos nos movendo na direção do processo evolucionário cósmico global.

Este processo de aceleração interna, conhecido como a Senda (capítulo 15), é abordado na *yoga* e em todas as religiões. Oliver Wendell Holmes percebeu a sua ação na maneira em que os dois pólos de consciência e forma operam dentro de nós na medida em que crescemos internamente. Ele comparou a nossa consciência, que se expande dentro de seu envoltório, a um náutilo enclausurado que forma câmaras progressivamente maiores para nelas viver, na medida em que se expande:

> Constrói para ti mais mansões majestosas, ó minha alma,
> À medida que passam as velozes estações!
> Deixa teu passado de baixas abóbadas!
> Que cada novo templo, mais nobre que o último,
> Te exclua do céu com um domo mais vasto,
> Até que finalmente estejas livre,
> Deixando tua concha que não mais te serve
> No mar agitado da vida![21]

13

Karma

Como nenhuma causa permanece sem o seu devido efeito, da maior à menor, de uma perturbação cósmica até o movimento de sua mão, e como o semelhante produz o semelhante, o karma é aquela lei invisível e desconhecida que ajusta de forma sábia, inteligente e eqüitativa cada efeito à sua causa, ligando esta última a quem a produziu.

A Doutrina Secreta

Karma, o conceito de causa e efeito do Budismo e do Hinduísmo, passou a ser amplamente conhecido no Ocidente, como sempre o foi no Oriente. A palavra passou a participar das conversações de pessoas em todos os níveis da sociedade ocidental e surgiu até mesmo na música popular. Contudo, a maioria das pessoas familiarizadas com a idéia consideram-na como modelando nossas vidas pessoais, como uma espécie de "restituição" pelas nossas ações boas e más. Esta seja talvez a esfera em que o *karma* parece estar mais próximo de nós. Contudo, o *karma* é uma lei universal inerente no Uno e abrange toda a manifestação, todos os reinos da Natureza, desde átomos a galáxias, de rochas a seres humanos. H.P.B. assegura-nos que "toda criatura está sujeita ao *karma*"[1] e que "nenhum ponto no universo manifestado está livre de sua influência."[2]

Declara H.P.B. que "a Vida Una está estreitamente vinculada à Lei Una que governa o mundo do Ser – *karma*,"[3] e que esta é "a *Lei Última* do Universo." Ela diz que ela "existe a partir da e na eternidade, verdadeiramente, porque ela é a própria eternidade."[4] O seu alcance é muito mais amplo do que os nossos assuntos humanos. Como todos os princípios delineados na filosofia esotérica, o *karma* é um aspecto da Realidade imaterial Una que passa a atuar na medida em que prossegue a manifestação. *Karma*, como a lei de causa e efeito, está envolvido em toda a diferenciação e em todos os relacionamentos, tanto espirituais como físicos. Portanto, deve ter se tornado ativo no despertar do universo com a polarização de consciência e matéria. A primeira manifestação de causa e efeito ocorreu quando a consciência, como Mente Divina, começou a criar um mundo ao imprimir organização na matéria pré-cósmica. Isto, presumivelmente, representa o começo da ação *kármica*, que continua em cada nível do ser através de todo o ciclo da manifestação.

> "Na primeira palpitação da vida renascente... 'a Irradiação Mutável das Trevas Imutáveis inconscientes na Eternidade' passa, a cada novo nascimento do Cosmos, de um estado inativo para um estado de intensa atividade... diferencia-se e depois começa o seu trabalho através daquela diferenciação. Este trabalho é *karma*."[5]

H.P.B. define o *karma* como a "lei infalível que ajusta o efeito à causa nos planos físico, mental e espiritual do ser."[6] Ela o descreve como uma lei de harmonia que continuamente restaura o estado naturalmente harmonioso do cosmos sempre que ele se torna perturbado. "O único decreto do *karma* – um decreto eterno e imutável – é harmonia absoluta no mundo da Matéria como é no mundo do Espírito".[7] O *karma* "restaura o equilíbrio perturbado no plano físico e a harmonia rompida no mundo moral."[8] Ela o compara a um bambu que "se for dobrado com força demasiada, lançar-se-á de volta com vigor correspondente."[9] Assim, o *karma* não aparece como uma lei externa que atua do exterior, mas como uma qualidade elástica do próprio cosmos que faz com que ele retorne à harmonia sempre que esta for perturbada.

A Doutrina Secreta não descreve o *karma* mecanicamente ou como uma doutrina de "olho por olho" como alguns escritores posteriores a interpretaram. H.P.B. não prediz um relacionamento de um para um entre causa e efeito – um curso predeterminado, no qual certos tipos de ações têm sempre as mesmas conseqüências *kármicas*. Em sua visão, o *karma* não é um sistema mecânico, no qual a atuação de uma engrenagem move um eixo e, por sua vez, eventualmente move uma roda em uma maneira linear, preestabelecida, de causa e efeito. Este tipo de causalidade implica um determinismo rígido – uma seqüência inalterável de eventos – que não está em conformidade com a filosofia teosófica. Em vez disto, o *karma* é fluido e flexível, já que os resultados são continuamente moldados pelo ingresso de novos fatores." O *karma* não age sempre desta ou daquela forma específica."[10] Em vez disso, opera num sistema interconectado, no qual tudo afeta tudo mais.

As operações do *karma* poderiam ser comparadas com as complexidades dos padrões meteorológicos. Extensas áreas de alta e baixa pressão atravessam velozmente a atmosfera, substituindo-se reciprocamente e dando origem aos ventos e a muitas condições atmosféricas. A umidade da terra se eleva e forma nuvens que podem percorrer centenas de milhas antes de liberarem a sua umidade em forma de chuva ou neve. As correntes, bem acima da terra, têm um efeito assim como os desertos criados há séculos por nômades que exauriram as pastagens com os seus rebanhos. Mares de asfalto e concreto nas cidades modernas também fazem sua parte. As condições meteorológicas em determinado local e dia resultam de uma combinação de inumeráveis fatores, passados e presentes, locais e distantes, e novas influências continuam integrando-se ao sistema para mudar o resultado. O *karma*, também, é multidimensional e não linear. Ele é afetado e opera nos níveis físico, mental e espiritual, em todos os planos e campos da Natureza. Traz à ação influências do passado distante como também aquelas do momento. Embora determinado pelo passado, o futuro está longe de estar estabelecido. Ele é o resultado de inumeráveis causas. Prem e Ashish destacam a totalidade dentro da qual opera o *karma:*

> "Nenhuma *coisa* dá origem a qualquer outra coisa, pois a causalidade não reside nas coisas, porém no todo. Eventos particulares ocorrem não porque exista algum poder em alguns outros eventos que se dizem ser as suas causas, mas em virtude de uma interligação orgânica do todo da experiência cósmica, uma vinculação de tal ordem que todos os eventos no Cosmos são interligados em uma correlação harmoniosa. O movimento de qualquer "parte" ou elemento do Cosmos requer movimentos de todos os demais elementos, não por causa de qualquer "poder causal" direto, exercido pelo primeiro, mas porque todos coexistem numa vestimenta sem costura que é o Todo."[11]

O *karma* participa das vastas extensões da vida cíclica que está subjacente na evolução e que são "pré-ordenadas, por assim dizer, pela Lei *Kármica*."[12] Enquanto a lei dos ciclos ativa a manifestação que se expressa em padrões recorrentes, é o *karma* que molda os eventos específicos dentro dos ciclos.

> "É o misterioso poder inteligente e orientador que dá impulso e regula o ímpeto dos ciclos e dos eventos universais... o regulador visível do *karma* em uma grande escala."[13]

O *karma* conecta cada ciclo de manifestações a todos os anteriores, visto que "a operação do *karma* está nas renovações periódicas do universo."[14] As idades geológicas, o nascimento e morte de espécies e tipos de plantas e vida animal, o advento e o desaparecimento de grandes raças de homens, a ascensão e a queda de civilizações, todos estão envoltos na continuidade *kármica*." Existe uma predestinação na vida geológica do nosso globo, assim como na história, passada e futura, de raças e de nações. Isto está estreitamente vinculado com aquilo que denominamos de *karma*."[15] Ela incorpora aquilo que pode ser chamado de uma lei de conservação universal – assegurando que nada seja perdido, que os frutos de um ciclo sejam transferidos para o próximo.

Karma Individual

O *karma* também atua intimamente e precisamente nos assuntos dos indivíduos. Enquanto que o *karma* cósmico se desenrola em grandes ciclos, o *karma* individual reúne tendências e as descarrega como eventos em nossas vidas e evoca as nossas características inerentes, sejam físicas, emocionais ou intelectuais. Todos nós recebemos as repercussões de nossos próprios atos e pensamentos, nosso *karma* pessoal. Da mesma maneira como cada pessoa possui um odor individual que pode ser detectado por um cão, parece que cada indivíduo pode ser "descoberto" pelas forças do *karma*. Nas correntes *kármicas* de complexidade inimaginável formadas pela humanidade, de alguma forma misteriosa, as nossas próprias ondas se expandem e retornam precisamente para nós. H.P.B. compara o processo aos efeitos criados por uma pedra que cai em um lago, dando origem a ondas que se afastam e retornam, até que o equilíbrio esteja restaurado e o lago esteja novamente tranqüilo. Toda a ação, não importa em que nível, produz tais perturbações.

> "Mas como cada perturbação se inicia de algum ponto específico, é evidente que o equilíbrio e a harmonia podem somente ser restaurados pela reconvergência para *aquele mesmo ponto* de todas as forças que a partir dele foram postas em movimento. E aqui nós temos a prova de que as conseqüências dos atos de um homem, de seus pensamentos, etc., precisam necessariamente *agir sobre ele mesmo* com a mesma força com que foram postas em movimento."[16]

De acordo com a filosofia esotérica, na medida em que a humanidade avançou na direção de níveis mais elevados da mente, tornando-se capaz da escolha, os indivíduos tornaram-se responsáveis pelas suas ações de uma forma que não é possível entre os animais inferiores. Com esta responsabilidade surgiu o *karma* pessoal. De acordo com esta doutrina, nós próprios somos responsáveis pelas nossas vidas, pelas nossas circunstâncias, nossas dores e alegrias, nossas oportunidades e limitações e até mesmo os traços do nosso caráter, nossos talentos, neuroses e bloqueios de personalidade. Tudo o que nos diz respeito é o resultado de forças que nós próprios colocamos em movimento, seja nesta vida ou em algum passado distante. Estamos "sob o império do destino feito por nós mesmos."[17] O *karma* nos devolveu as conseqüências efetivas das nossas próprias ações. A maneira como vivemos, as nossas ações e pensamentos, entram numa corrente contínua de causas que determinam nossas vidas. Nada é perdido. Todos os pensamentos, motivos, emoções que geramos no passado se integraram na corrente complexa que faz de nós aquilo que somos hoje." Não é ...o *karma* que nos recompensa ou pune, mas nós é que recompensamos e punimos a nós mesmos ."[18]

Não obstante, assim como o *karma* opera com os ciclos e a evolução em grande escala, assim também ele opera com a evolução para promover o crescimento em nossas vidas individuais. O *karma* "ajusta de forma sábia, inteligente e eqüitativa cada efeito à sua causa,"[19] refletindo nossas ações passadas em nossas vidas exteriores e em nossa constituição interna. Assim, as nossas vidas nos fornecem uma espécie de "feedback", se soubermos como lê-lo, mostrando-nos um registro de como estamos nos desempenhando, o que está indo bem, onde erramos e falhamos. Em virtude do *karma*, podemos aprender com a própria vida.

Deve-se enfatizar, todavia, que o *karma* não é fatalismo ou determinismo. Prem e Ashish destacam que as nossas vidas nem são absolutamente determinadas nem absolutamente livres. Vivemos de acordo com uma "trajetória determinada dentro de cuja potencialidade não formada está a oportunidade de mudança e de crescimento."[20] Não podemos apagar influências que geramos no passado, mas podemos influenciar o curso de nossas vidas em qualquer ocasião, ao derramarmos novas energias em novas direções. Podemos não ver os resultados imediatamente, mas o *karma* assegura que virão, assim como qualquer energia que geramos deve ter seu efeito. Perscrutar as nossas vidas em busca de padrões recorrentes, pode revelar aquelas áreas em que necessitamos trabalhar. Se reprimimos tendências prejudiciais, tentamos eliminar defeitos e reagimos contra elementos negativos em nós, damos origem a novas causas que alteram o resultado *kármico* de ações passadas. Qualquer ajuda que oferecemos a terceiros, qualquer serviço que realizamos em prol de causas dignas, quaisquer pensamentos e emoções úteis e positivos que emitimos, afetarão o equilíbrio *kármico*. Nesta esfera, os retos motivos, sentimentos e pensamentos são mais importantes mesmo do que a reta ação, porque as energias de planos ou campos superiores são mais poderosas do que energias físicas. De acordo com H.P.B.:

> "É uma lei da dinâmica oculta, a de que determinada quantidade de energia dispendida no plano espiritual ou astral produz resultados muito maiores do que a mesma quantidade desprendida no plano físico objetivo da existência."[21]

Assim, o amor e o ódio são fatores poderosos na formação de nosso *karma*.

Interconexões Kármicas

A exposição de H.P.B. sobre o *karma* também abrange o *karma* grupal e nacional. Os liames do nosso *karma* individual estão entrelaçados com aqueles da nossa nação e de outros grupos com os quais temos vínculos fortes. Todos os males sociais são *kármicos,* como o são também as oportunidades sociais. Cada um de nós participa *karmicamente* nas ações da nossa nação, quer apreciemos ou não essas ações. Como os grupos são interdependentes em uma sociedade, e as nações são interdependentes no mundo, cada indivíduo, de alguma maneira, está *karmicamente* vinculado com todos os demais, e todos nós compartilhamos do resultado dos eventos mundiais.

Assim, em certo sentido, as nossas ações afetam toda a humanidade. Temos a tendência de ver as nossas vidas como em uma esfera limitada, estendendo-se a nossa influência apenas até aqueles que fazem parte de nossa vizinhança imediata. Mas, como vimos, o universo não é criado de pedaços isolados. É uma vasta rede de interconexões que se estende em todas as direções, em todos os níveis. As nossas ações não param na periferia de nossa visão, mas afetam o todo da vida em alguma medida, de uma forma ou de outra.

Em *Luz no Caminho*, uma obra mística de Mabel Collins, há um pequeno ensaio sobre o *karma* atribuído a um grande sábio e Mestre. Ele compara a vida individual a uma corda constituída de inumeráveis filamentos tênues. Ocasionalmente alguns desses filamentos ficam presos ou vinculados a algo, criando um emaranhado e desordem no todo. Às vezes um ou mais dos filamentos ficam manchados, e esta mancha se espalha e desbota outros filamentos. Mas, com o correr do tempo, os filamentos passam da sombra para a luz, tornando-se dourados e ficam justos e lisos. Finalmente, a harmonia é estabelecida. Esta imagem reveladora ilustra a natureza holística do *karma*. O ensaio continua e diz:

> "O que é necessário compreender primeiro é que o futuro não é formado arbitrariamente por quaisquer atos separados do presente, mas que o todo do futuro é uma continuidade não fragmentada do presente, como o presente o é do passado."[22]

Como cada vida individual é composta de filamentos entrelaçados, assim toda a humanidade é composta de vidas individuais entrelaçadas e que continuamente se influenciam reciprocamente. No grau em que deliberadamente tentarmos melhorar as energias com que contribuímos para o todo, assim neste mundo de interconexões seremos capazes "de levantar um pouco do pesado *karma* do mundo."

III

A NATUREZA E A JORNADA HUMANAS

14

O Eu e Suas Esferas

Como [os planos cósmicos da substância] são sete em UM, assim nós somos sete em UM – aquela mesma Alma absoluta do Mundo, que é tanto Matéria e não-Matéria, Espírito e não-Espírito, Ser e não-Ser. Todos aqueles entre vocês que desejam estudar os mistérios do EU deverão gravar em si mesmos esta idéia.

H.P. Blavatsky

Quão pouco conhecemos de nós mesmos! Em nossa consciência desperta olhamos como que através de uma estreita fresta que oblitera a maior parte do mundo e da nossa própria natureza interior. A maior parte do nosso ser acha-se, sem dúvida, nas profundezas recônditas do nosso inconsciente. Usamos apenas uma pequena parte de nossas capacidades ilimitadas. Como William James uma vez disse:

> "A nossa consciência desperta normal é apenas um tipo especial de consciência e, enquanto tudo dela se projeta através da tela mais tênue, existem formas potenciais de consciência totalmente diferentes. Podemos

atravessar a vida sem suspeitar de sua existência, mas aplique-se o estímulo necessário e a um toque estarão todas ali em sua totalidade."[1]

A teosofia leva em consideração muitas camadas na consciência do homem. A imagem teosófica do homem está em uma escala grande, muito maior do que as pequenas preocupações freqüentes e transitórias que tendem a eclipsar nossos horizontes. De acordo com esta visão, somos parecidos com a lendária árvore africana baobá que parece crescer para baixo desde as suas partes mais altas, tendo suas raízes no céu. Originamo-nos do Solo divino que dá origem a tudo. A teosofia encara o homem como um potencial espiritual infinito, o Eu ou *Ātman,* como os hindus o chamam, ou o "espírito" dos cristãos. Este Eu nunca é separado de nossas raízes transcendentes na Consciência pura do Uno.

Ātman, o Eu mais Profundo

Ātman é consciência pura, não afetada por qualquer experiência ou condicionamento de qualquer nível. É percepção simples e clara que não pode ser dividida ou compartimentalizada em "sua consciência" e "minha consciência". Nas palavras de H.P.B., "a Consciência (como tal) é ubíqua e não pode ser localizada nem centrada em qualquer sujeito específico e tampouco pode ser limitada."[2] Assim, o *Ātman* aparece como o campo universal contínuo e indivisível, mas, de alguma forma, ao mesmo tempo, constitui pontos discretos, adimensionais, naquele campo. Poderíamos imaginar um campo infinito de esplendor que se torna focalizado em inúmeros pontos de luz, da mesma maneira como as estrelas parecem unir e focalizar a amplidão da luz que precede o amanhecer. Como *Ātman,* cada um de nós é um ponto de consciência no campo da Consciência divina. Emily Sellon o coloca da seguinte maneira:

> "A consciência universal ou espírito, que é a essência de toda a vida, constitui o ponto da consciência individual ou ser último em cada homem, sua identidade fundamental com o Uno ou o Todo – pois a consciência é um singular cujo plural é desconhecido."[3]

Paradoxalmente, o *Ātman* está sempre unido com o Uno e ao mesmo tempo constitui a essência da existência individual.

Como a árvore baobá brota do céu para baixo, assim nós crescemos na direção da terra, a partir de nossas raízes espirituais. Nós, como *Ātman* voltado na direção do mundo manifestado, assumimos um organismo psicofísico complexo, através do qual funcionamos. Conforme abordado no capítulo XI, somos seres complexos compostos de vários campos que se interpenetram. Cada um desses campos tem sua característica única que expressa um aspecto do potencial divino. Não obstante, os inúmeros poderes e capacidades que florescem em nós não estão confinados à humanidade, mas constituem a nossa expressão de princípios universais que operam em toda a Natureza. O fato de que a natureza humana expressa a natureza universal é óbvio em nossos corpos físicos, nos quais operam as leis da física, química e biologia. Isto torna-se menos óbvio em níveis suprafísicos, que não podem ser conhecidos com os nossos sentidos físicos. Contudo, videntes e clarividentes, através das idades, confirmaram o ensinamento da Sabedoria Antiga de que o aspecto visível, físico, do homem e da Natureza é apenas a esfera exterior de uma série de reinos vivos, vitais e radiantes, que existem dentro e através do mundo físico. Em contraste com a Realidade imaterial que as gera, essas esferas, que existem no espaço e no tempo, possuem algum grau de materialidade, embora sejam mais rarefeitas do que o mundo físico familiar.

Mais próximo do físico está o nível vital ou etérico, no qual o homem tem um veículo chamado "duplo etérico". A partir deste nível, fluxos de energia atravessam o corpo físico, energizando-o e afetando profundamente a nossa saúde. Esta energia, conhecida em muitas culturas, foi chamada Ki, Ch'i, *prana*. A doença está associada com a congestão ou desritmia neste fluxo vital. A acupunctura, o toque terapêutico e muitas outras formas alternativas de cura manipulam esta energia. Podemos ficar sensíveis ao fluxo energético em nossos corpos. Por exemplo, podemos experimentar a diferença antes e após um exercício saudável ou sentir como as técnicas respiratórias alteram o seu fluxo. Clarividentes e videntes que desenvolveram sua sensibilidade aos mundos suprafísicos nos contam que a energia vital existe abundantemente na Natureza. Podemos ingeri-la das árvores quando nos abrimos à sua harmonia, tonicidade e energia fluida. Diz-se que os corpos naturais de água também estão carregados com energia vital, que absorvemos quando estamos próximos ou dentro deles. O nível vital constitui o lado energético da natureza física e de nós próprios, e continuamente permutamos vitalidade com o ambiente neste nível. H.P.B. usa a analogia de uma esponja imersa num oceano. A água é *prana*, a esponja é um ser vivo. *Prana*, ou alento da vida como ela o chama, "é o princípio motor da vida."[4]

O corpo etérico é interpenetrado pelo aspecto emocional ou de sentimento do nosso ser, que é uma manifestação de *Ātman* na psique. Isto é o que se poderia chamar de o elemento psíquico na natureza, sensorial, ocupado, ansioso. Expressa um aspecto do Real que é fluídico, em fluxo incessante, sempre cambiante. Animais, e até mesmo plantas, participam deste elemento psíquico em algum grau. Esta qualidade está incorporada nos sentimentos agitados que pulsam através de nós em uma corrente interminável de emoções cambiantes. Aqui encontram-se grande parte dos opostos mais proeminentes da vida, o drama da vida, as intensas experiências humanas de desespero e de arrebatamento, vitória e derrota, amor e ódio. Uma parcela maior do que poderíamos inicialmente suspeitar desta experiência emocional revela-se estar baseada nas sensações – gostar, querer, atração àquilo que é agradável, evitar, não gostar, ser repelido por aquilo que é doloroso ou desagradável. Tanto as emoções como as sensações, quando intensas, intrometem-se forçosamente em nossa consciência. Proporcionam variedade e contrastes vívidos à vida. Porém, mesmo em nossos momentos tranqüilos, existe alguma base de emocionalidade, por mais suave que seja e por menos que dela possamos estar conscientes.

As ondas de emoção que experimentamos na forma de ira, afeição, depressão e excitação são verdadeiras ondas de energia, mais tênues do que o etérico. Nossos sentimentos produzem padrões de cores e de ritmos que foram observados por clarividentes em nosso campo emocional ou astral, freqüentemente chamado de aura. Esta aura consiste em parte de matéria astral e emocional que se estende além do corpo aproximadamente cinqüenta centímetros, numa forma oval. Na medida em que mudam os nossos sentimentos, as cores e os ritmos na aura se modificam. Sentimentos que repetimos muitas vezes produzem padrões semipermanentes neste campo. Projetamos também as nossas energias emocionais para o campo maior que nos circunda, onde podem afetar outras pessoas, nelas iniciando ritmos similares. Inversamente, com maior freqüência do que sabemos, o nosso humor é o resultado de influências oriundas do campo maior que nos envolve. Todos influenciamos uns aos outros nesse nível emocional e somos vulneráveis a influências emocionais a nível nacional e internacional, que se expressam em forma de ansiedade e temor em épocas de crise. A nossa melhor defesa é, através da prática, aprendermos a irradiar sentimentos positivos como amor, boa vontade e alegria. Esta ação não apenas nos protege de perturbações no campo circundante, mas também contribui para auxiliar a outras pessoas através do campo.

A mente constitui um outro campo ou veículo no qual o *Ātman* opera e pelo qual contacta o mundo. O campo mental universal expressa-se não apenas nos seres humanos mas, como os demais campos, em toda a Natureza. Reflete o aspecto do Real que se caracteriza pela ordem e organização, a Mente Divina.

Os níveis mais mundanos das energias mentais (*manas*) interpenetram e interagem com energias emocionais, de maneira que os pensamentos, sentimentos e reações corporais operam conjuntamente. Este aspecto da mente é intranqüilo e mutável, na medida em que os nossos pensamentos acompanham o aumento e a diminuição das emoções e as nossas atrações e aversões. Seguindo a tradução da filosofia indiana, H.P.B. chamou a isto de *mente-desejo* ou *kama-manas*. É simbolizado na literatura indiana como o macaco, curioso, deslocando-se rapidamente de um ponto a outro, realmente parte da psique. Esta mente concreta, como tem sido chamada, também tem uma inclinação prática em resolver os problemas do dia-a-dia, empregando a lógica, ao menos em alguma extensão. Através dela fazemos planos e ordenamos e organizamos nossas vidas. Neste nível também encontra-se a faculdade que classifica e julga as nossas impressões sensoriais e interpreta aquilo que experimentamos através de nossos sentidos. Nas palavras do psicólogo social Wilbur Schramm, "*estruturamos* a experiência de modo a torná-la significativa para nós."[5] A estruturação envolve análise e discernimento, acentuando as diferenças e a separatividade.

De acordo com a filosofia esotérica, o pensamento também é energia e cria "formas-pensamento", ou estruturas semipermanentes na "matéria" sutil, suprafísica, do campo ou plano mental.

Essas formas freqüentemente permanecem como padrões dentro do nosso campo mental, onde colorem e influenciam muito do nosso pensamento. Podemos também emiti-las de modo que afetem outras pessoas.

O ego, no sentido de um eu separado, origina-se nesse nível de mente concreta. Esse é o pequeno eu comum, do qual normalmente estamos conscientes. Ken Wilber, um escritor sobre psicologia oriental e ocidental, define o ego como "aquela faixa de consciência que abrange o nosso papel, a nossa reprodução de nós mesmos, a nossa auto-imagem, bem como a natureza analítica e discernidora do intelecto."[6] O ego é o conceito interior de nós mesmos que surge da faculdade de a mente concreta dividir, separar, categorizar, ver diferenças. Esta faculdade coloca a noção de nós mesmos em uma categoria especial, apartada e separada de tudo o mais. Assim, ela solidifica e concretiza em um nível inferior a ruptura primordial entre sujeito e objeto, consciência e matéria. Nas palavras de Wilber, o ego é a "fruição do sentido de eu separado, nascido com o dualismo primário."[7]

O nosso ego baseia-se em grande parte na experiência e na memória, na medida em que gradualmente construímos um conceito daquilo que somos através da nossa experiência e relacionamentos. É na realidade "um saco de memórias editadas", segundo Wilber o descreve. Inconscientemente nos identificamos com esta auto-imagem e nos separamos de nossas capacidades e visão mais amplas e de outros elementos do verdadeiro Eu. O ego também nos envolve numa casca ilusória, na qual nos sentimos apartados e separados de tudo o mais porque "consideramos erroneamente este ponto de referência relativo como sendo o nosso centro real e permanente", nas palavras de Lama Govinda.[8] É possível transcender o ego e viver sem as suas limitações, atingindo assim uma liberdade e auto-expressão muito mais amplas. Exploraremos essa transcendência no capítulo XV sobre a Auto-Transformação.

A mente, todavia, desempenha um papel duplo. Além do seu aspecto concreto, a sede do ego, que se preocupa em grande parte com a nossa vida e assuntos pessoais, ela possui um aspecto universal (*Manas*) que "não é perturbado pelo egoísmo, nem afetado por distinções, desejos e aversões,"[9] de acordo com Lama Govinda. Em contraste com *kama-manas*, mente-desejo, este nível é *Buddhi-manas*. A sua função está relacionada com o pensamento abstrato e conceitual, com o sintetizar, com a descoberta de princípios unificadores, ao invés de se preocupar com dissecar e separar, como faz a mente concreta. Constitui a fonte da inspiração e percepção criativa, seja científica, matemática, filosófica, ou artística. Iluminado pela intuição, este aspecto universal da mente revela significados mais profundos da vida. Pode nos dar uma sensação de arrebatamento ao contemplarmos princípios e leis que governam o universo. Esta é a esfera da verdade universal – do Bom, do Verdadeiro e do Belo – de Platão. Poucas pessoas desenvolveram o potencial pleno deste aspecto do Eu, porém, em toda a história, vemos exemplos marcantes do seu potencial nos gênios em todos os campos, que contribuíram para o avanço da cultura.

A capacidade humana ímpar de autoconsciência tem a sua raiz nesse nível da mente. Apenas nós, humanos, podemos, por assim dizer, nos dissociar da nossa mente e observá-la em ação. Nas palavras de Rollo May, o psicólogo existencial, "a capacidade de transcender a situação imediata é a característica básica e ímpar da existência humana."[10] Tudo o que precisamos fazer é focalizar a nossa atenção em nossos processos interiores, no fluxo de pensamentos, sentimentos e sensações. No ato de observarmos a operação da nossa mente, nós, como sujeito, objetivamos até mesmo os nossos próprios pensamentos e sentimentos. A ruptura sujeito-objeto traça uma linha entre a nossa consciência e os nossos processos mentais interiores. Assim podemos realmente vislumbrar que somos consciência incrustada em veículos ou campos, o Eu nos corpos emocional e mental. Não obstante, temos a tendência de nos identificar com os veículos e o seu conjunto altamente individualizado de padrões de hábitos entrelaçados. Achamos que somos nossas atitudes, nossas preferências, emoções habituais, etc. A autoconsciência dá origem ao ego, e nós nos seccionamos do *Ātman* que jamais está separado do Uno e nos encerramos dentro de sua expressão limitada no mundo. Esquecemos as nossas raízes celestiais e confinamos a nossa atenção a ramos laterais.

É esta habilidade da mente de auto-observar-se que torna possível o pensamento abstrato e o uso de símbolos. Como podemos separar-nos do fluxo das experiências, podemos atribuir-lhes símbolos. Amplas esferas de atividade especificamente humana como linguagem, matemática e música, baseiam-se na habilidade de simbolizar. Lidar com símbolos é uma função tipicamente humana. Até mesmo a palavra *man* em inglês (homem), é derivada da palavra sânscrita *manas,* mente, significando nossa natureza íntima como pensador e construtor de símbolos.

Rollo May também sublinha a capacidade de transcender a situação imediata – "estar fora e olhar para si mesmo e para a situação, dá o poder de avaliar e guiar-se através de uma infinita variedade de possibilidades."[11] Esta é a fonte de nossa habilidade de prever o resultado de nossas ações e de planejar o futuro ao manipularmos mentalmente os símbolos. Ela nos dá o poder de escolha e, portanto, nos torna responsáveis pelas nossas ações.

H.P.B. coloca a nossa habilidade de autoconsciência em um contexto evolucionário. O *Ātman,* ou espírito, em seu próprio plano, não é autoconsciente e tampouco o são as criaturas menos evoluídas do que os humanos. A mente, ou *Manas,* é necessária para focalizar o *Ātman,* um raio da luz divina una.

"Não há potencialidade para criação ou Autoconsciência em um Espírito puro nesse nosso plano, a menos que a sua natureza, demasiado homogênea, perfeita – por ser divina – seja mesclada com e reforçada por uma essência já diferenciada. É *Manas* que pode fornecer essa consciência necessária no plano da Natureza diferenciada."[12]

Assim, *Manas* é a sede da nossa individualidade, bem como o portal para a unidade. Ao olhar para baixo, ele solidifica o eu e o ego separados; olhando para cima, nos une com o Todo.

Percepção Intuitiva

Da mesma maneira como o campo mental permeia e interpenetra o campo emocional na aura, assim o campo da intuição, *Buddhi,* permeia a ambos. A palavra *intuição* não expressa o significado pleno desse termo sânscrito. *Buddhi* exprime o princípio dentro de nós que está mais próximo a *Ātman* e é, portanto, caracterizado pela unidade. Inclui a experiência expansiva de sentimento unitário e também uma espécie de percepção através da fusão. Contrasta com a mente concreta que compartimenta, separa e classifica. Esta última pode ser chamada a mente "concretizante", em virtude de sua tendência de fixar as coisas, tornando-as mais concretas. Em contraste, *Buddhi* oferece uma maneira viva, dinâmica e nova de conhecer que está carregada com uma espécie de alegria. Proporciona conhecimento que é direto e imediato, íntimo, freqüentemente repentino, e não abstrato, verbal ou deduzível. William James é um entre muitos filósofos que reconheceu duas formas de conhecer as coisas, "conhecendo-as de forma imediata ou intuitiva, ou conhecendo-as de forma conceitutal ou representativa."[13]

Pesquisadores do cérebro verificaram que esses dois tipos de conhecimento correspondem de uma maneira geral aos hemisférios esquerdo e direito do cérebro. O hemisfério esquerdo corresponde às funções *manásicas* ou mentais: palavras, símbolos, conceitos, idéias. É analítico, discreto e racional. O hemisfério direito é mais holístico porque capta a *gestalt** e sintetiza. É intuitivo: processa percepções diretas, imediatas, não mediadas por símbolos, tais como o senso espacial ou a pintura ou os ritmos da música ou da dança. Na visão teosófica, essas experiências não são necessariamente a experiência direta de *Buddhi* em seu próprio nível, mas sim o reflexo de sua qualidade em níveis inferiores.

No conhecimento direto através da intuição, nos fundimos ou unimos com o objeto do conhecimento e passamos a compreendê-lo desde o interior, ao invés de pensar sobre ele a partir do exterior. Todos nós experimentamos esta fusão em momentos máximos de auto-entrega a algo belo, em profunda empatia com alguém, de modo que no momento passamos a ver tudo a partir do ponto de vista da outra pessoa, ou quando compreendemos tão plenamente uma idéia que com ela nos sentimos unidos. V.K. Chari, um estudante de filosofia e religião Orientais, descreve a intuição do ponto de vista do Vedanta: "A experiência intuitiva é uma forma de fusão, uma dissolução do sentido de 'outro' na consciência pura". Continua a explicar mais:

> "A intuição é o conhecimento pela identidade. Naquele estado de imediateidade, o objeto se funde com o sujeito, de maneira que o sujeito é tudo. O conhecedor, o conhecido e o ato de conhecer são um. Assim, na intuição, todas as dualidades são dissolvidas."[14]

---

* (N.T.) figura.

Na experiência de *Buddhi,* abandonamos a nossa noção de nós próprios como apartados de tudo o mais e fundimos a consciência com o seu objeto em uma experiência de unidade. A união mística com o Todo é a forma mais elevada da experiência búdica, porém *Buddhi* é também expresso em formas mais mundanas e em percepções criativas em todos os níveis. O filósofo-cientista Michael Polyani fala disso como uma insinuação da verdade ou "conhecimento tácito", que move o cientista para uma linha de pesquisa produtiva. Einstein confirma sua importância no processo da descoberta:

> "O intelecto pouco tem a fazer no caminho da descoberta. Surge um salto na consciência, podemos chamá-lo de intuição ou o que você quiser, e a solução virá a você, e você não sabe como ou porquê."[15]

Brian Josephson, físico e laureado com o prêmio Nobel, que voltou sua pesquisa para a consciência e a psicolingüística, declara que no trabalho científico "trata-se muito mais de obter a intuição de como as coisas são para depois pensar em analisar para ver se a intuição corresponde aos fatos."[16]

A declaração de Josephson destaca a relação entre a intuição e o intelecto. A percepção búdica terá de ser verificada pela mente, mesclada com outras fontes de conhecimento e articulada em termos compreensíveis. Para ser de valor, terá de basear-se na estrutura da mente. I.K. Taimni vê a unificação da intuição e da mente ao falar de *Buddhi,* ou intuição, como "o poder iluminador por detrás da mente."

Além de unificar o pensador com o objeto do pensamento, a percepção intuitiva, operando com a mente abstrata, gera uma espécie de conhecimento que é unitivo: ele sintetiza e vê os relacionamentos dentro de um todo. A intuição opera nas ciências, nas artes, filosofia e nos nossos relacionamentos com os demais. Afasta-nos do centro do nosso mundo, dando-nos uma perspectiva global, ocupando o nosso ego e seu lugar legítimo em um todo maior. Chari expressa claramente a função unitiva da intuição:

> "Intuição é conhecimento integral. A visão que ela oferece é a do todo, uma visão unificada, sinóptica da realidade, na qual o interno e o externo, o um e os muitos, o individual e o universal, são percebidos como unos."[17]

A intuição difere do pressentimento psíquico por originar-se em um aspecto mais espiritual do Eu e não está preocupada com os nossos interesses egoístas menores. A verdadeira percepção intuitiva é a cognição direta através da unificação, enquanto que em vislumbres psíquicos, o sujeito ainda está separado do objeto. Embora o conhecimento psíquico possa ser válido e útil em sua própria esfera, ele não pode exprimir a qualidade numinosa, e unitiva de *Buddhi*.

Os níveis mais profundos do nosso ser – *Buddhi* e *Manas* – também irradiam energia para o campo circundante na medida em que os usamos: muito embora essas energias mais sutis sejam tranqüilas, jamais agitadas, são mais poderosas do que aquelas energias das emoções e da mente concreta. Emitir energias nesses níveis pode ser muito mais útil para nós próprios e para outras pessoas do que podem as energias emocionais e mentais positivas sozinhas.

A Vontade Espiritual

O termo *Atma* é usado para exprimir o *Ātman,* o Eu essencial, quando se volta para fora, para o mundo manifestado, por assim dizer. Embora *Ātman* seja o substrato de tudo o que existe, incluindo todos os níveis e planos em nós, *Ātmâ* pode ser considerado um princípio do homem e um nível da consciência humana. Nós O experimentamos como o próprio sentido de eu, o âmago do nosso ser, o centro puro de percepção desnudado de todo o condicionamento, de toda a coloração. Taimni a ele se refere como "o princípio transcendente dentro de nós que forma, por assim dizer, o verdadeiro coração e âmago do nosso ser."[18]

Além disso, *Ātmâ* tem sido referido como a vontade espiritual. É a nossa localização individual da vida do Uno nosso ponto no campo universal ilimitado. Como tal, *Ātmâ* é um foco de poder divino, a energia criadora que gera toda a manifestação. Taimni o descreve através de uma metáfora da eletricidade:

> "Atma é como se fosse a tomada, ligando o conjunto de veículos pertencentes a uma alma particular à Casa de Força, através da qual a energia necessitada pela alma para diferentes finalidades pode ser obtida."[19]

A vontade espiritual caracteriza-se pelo poder e força que removem obstáculos. Uma pessoa na qual ela está ativa, é autodeterminada e dirige a sua vida a partir do interior, não sendo afetada por caprichos e objetivos secundários. Tal pessoa vive por ideais que orientam e os transmite em expressão física. Albert Schweitzer é um exemplo. Ele abandonou uma brilhante carreira na música e passou a ser médico, de modo que pudesse servir os menos afortunados na África. A sua vida foi perseverante, devotada totalmente ao ideal de *ahimsa,* inofensividade.

O desejo pode ser considerado como um reflexo da vontade espiritual no nível emocional e mostra algumas qualidades da vontade espiritual. Contudo, freqüentemente, o desejo é egoísta e autocentrado em vez de procurar o bem geral, como faz a vontade espiritual. *Ātmâ* é a força propulsora subjacente a todos os nossos veículos, embora raramente experimentemos o seu poder no seu próprio nível, em forma pura. Mesmo assim, ela não está distante e inalcançável, sendo, ao contrário, a própria base do nosso ser em todos os níveis.

O Eu Total

Cada um de nossos veículos tem uma vida própria, sua qualidade especial. Cada um, além do físico, está composto por um grau único de matéria suprafísica. Não obstante, todos esses campos estão interligados e operam como um todo. A filosofia do *yoga* descreve *chakras* ou "rodas" de energias, através das quais passam influências de um nível ou campo para outro. Existem sete desses centros localizados no corpo, desde a base da espinha até o topo da cabeça. Clarividentes relatam que cada um desses centros é caracterizado por uma geometria dinâmica e cores radiantes que giram através do *chakra*. Influenciam as glândulas e o sistema nervoso, que também os influencia por sua vez, e eles interligam os níveis físico, etérico e emocional. Os *chakras* também canalizam energias entre os níveis mais elevados e o físico. A meditação e a *yoga* ativam esses centros, de maneira que é incrementado o intercâmbio entre o espiritual e o físico.

Somos realmente seres complexos, incorporando muitos tipos de energia universal, verdadeiros microcosmos. Existem faixas sutis na nossa natureza que, na melhor das hipóteses, apenas vislumbramos. Estão dentro de nós constrates, opostos e uma rica variedade. Mas, ao mesmo tempo, cada um de nós é uma pessoa total e não um conjunto de veículos unidos de forma aleatória. Integramos muitos traços dentro de nós, e como *Ātman,* o Eu, nos expressamos através de cada uma delas. À medida que nos identificamos mais e mais com o Eu interno e afrouxamos o controle do ego sobre nós, começamos a controlar os nossos diferentes veículos, direcionando-os para os nossos reais objetivos espirituais. Na medida em que contactamos camadas menos familiares em nosso ser interior, ampliamos a nossa faixa de expressão e vivemos cada vez mais plenamente. Assim começamos a despertar o gigante adormecido que reside em nosso interior e chamamos à atividade os imensos poderes de nossa natureza interior.

15

Autotransformação

O coração é a morada daquilo que é a Essência do universo... Se você afastar a cortina de estrelas e de esferas, você verá que tudo é uno com a Essência de sua própria alma pura.

Farid al-Din Attar

Toda a vida se move, modifica, desenvolve, inclusive o nosso próprio ser interno. Neste mundo dinâmico, governado pelo princípio universal do movimento, onde nada permanece inalterado, nós também precisamos ser flexíveis, acompanhando o fluxo da corrente da vida. A vida não nos deixará paralisados. Contudo, a mudança interna não precisa ser acidental e ao acaso; pode ser crescimento real, no qual nos movimentamos para níveis mais elevados de integração e maturidade. Como ocorre com as estruturas dissipativas de Prigogine, quando experimentamos uma desorganização de padrões antigos internamente, podemos deslocar-nos até um nível mais elevado, uma ordem nova e superior. A mudança interior deveria ser de acordo com aquilo que a filosofia chinesa chama de a lei da mudança, que regula os movimentos de uma maneira dinâmica, porém ordenada. Nas palavras do orientalista Hellmut Wilhelm, "o conceito de mudança não é um princípio externo, normativo, que se imprime sobre os fenômenos; constitui uma tendência interior, de acordo com a qual o desenvolvimento ocorre de forma natural e espontânea."[1] Da mesma maneira como surgem novas ordens quando a semente se transforma na árvore, assim a nossa vida interior se remodela naturalmente na medida em que amadurecemos. Às vezes ficamos agudamente conscientes da necessidade de crescimento e mudança quando enfrentamos uma crise, após a qual não podemos permanecer como éramos. Mas, em alguma medida, está sempre presente uma pressão interior na direção do crescimento evolutivo em um universo em constante expansão, muito embora submersa pelas nossas atividades cotidianas.

Há muito tempo tem sido reconhecido que continuamos a crescer psicologicamente mesmo depois de atingirmos a idade adulta. Durante séculos, os indianos do Oriente têm apoiado os *sannyasis*, homens que já ganharam a sua vida e criaram uma família e que mais tarde se libertaram das preocupações mundanas em busca da verdade espiritual. No Ocidente, psicólogos como C.G. Jung e Abraham Maslow demonstraram um crescimento na direção da realização do potencial interior em adultos de todas as idades, e o psiquiatra Roberto Assagiolo tornou mais explícitas as dimensões espirituais do crescimento. Os estágios do progresso adulto e os seus ritos de passagem – casamento, paternidade, crise da meia-idade, etc., foram demarcados e debatidos. Lawrence Kohlberg, seguindo o trabalho de Jean Piaget sobre o desenvolvimento cognitivo, descreveu estágios no desenvolvimento moral, desde a primeira infância até o período da maturidade pós-idade adulta, e mais recentemente James Fowler, um pastor e educador na Universidade de Emory, realizou idêntico trabalho para o desenvolvimento da fé amadurecida. A psicologia humanística e transpessoal oferece diretrizes e técnicas para o desenvolvimento psicológico e espiritual de adultos. Todas essas abordagens reconhecem que a pessoa que não está crescendo e se desenvolvendo geralmente é infeliz e insatisfeita, pois o crescimento contínuo é necessário para a nossa realização como seres humanos.

Essas psicologias de crescimento dinâmico estão de acordo com a filosofia teosófica, que coloca a humanidade em um contexto de evolução constante. Como vimos, a humanidade é inacabada, e tanto o indivíduo quanto a espécie humana como um todo, estão desenvolvendo novos poderes, novas maneiras de perceber, novos potenciais mentais e espirituais. Às vezes a mudança ocorre em ímpetos repentinos, quando quase podemos ver um novo crescimento, à semelhança de cogumelos após uma chuva de verão, ou às vezes pode ocorrer em etapas imperceptíveis, em meio à aparente estagnação. Como a curva de aprendizado, demarcada quando uma nova habilidade está sendo dominada, há etapas de ascensão, de queda, de nivelamento, novos passos à frente, mas a direção geral é sempre em sentido ascendente. Como diz a obra *Luz no Caminho*, "A alma do homem é imortal e o seu futuro é o de algo cujo crescimento e esplendor não tem limite."[2]

Conforme já abordamos no capítulo precedente, cada um de nós tem potenciais enormes ainda não liberados. Todos os planos e princípios da Natureza já estão implantados em nós. Tudo o que é necessário para a realização dos objetivos de longo alcance da evolução já existe dentro de nós, oculto em algum nível inconsciente do nosso ser. Nesta escuridão reside uma esfera de experiência totalmente diferente da nossa consciência usual desperta, vívida como a luz do dia. Obtemos insinuações desta vasta área inexplorada às vezes em sonhos significativos, às vezes em momentos de claridade na meditação e até mesmo no corre-corre de um dia agitado, quando repentinamente a nossa mente, emoções, intuição e vontade tornam-se acentuadamente focalizadas diante de uma crise. Ouvimos "leves ecos dessas regiões internas que podem evocar uma tênue resposta em nossas mentes, possibilitando-nos captar vislumbres aqui e acolá de nossa natureza transcendental," nas palavras de Taimni.[3] Somos como o estorninho, um passarinho pardacento desinteressante, até que a luz o atinja no momento exato, e as cores brilhantes e iridescentes reluzam.

Nossa Natureza Tripla

Vislumbramos a riqueza e complexidade de nossa natureza na discussão sobre os níveis e campos em nosso interior. Todas essas várias qualidades e funções humanas, reconhecidas na filosofia esotérica desde a antigüidade, foram agrupadas e divididas de uma maneira diferente em variados sistemas de pensamento. A Vedanta fala de cinco *Koshas* ou invólucros, a *Raja Yoga* reconhece quatro, os cristãos têm a tripla divisão de espírito, alma e corpo, enquanto que a filosofia esotérica geralmente defende sete divisões. Até mesmo na literatura teosófica contemporânea podem ser encontradas colocações diferentes. Todas concordam, todavia, a respeito de três principais divisões na constituição humana – aquilo que pode ser chamado a personalidade, a alma e o Eu ou *Ātmâ*. Na literatura teosófica mais recente, os níveis mais familiares – físico, etérico, emocional, mental inferior – são considerados como aglutinando-se na *personalidade*, o eu familiar diário que ordinariamente nós percebemos ser. Este foi chamado de o "eu inferior", mas é tão importante e essencial como qualquer elemento espiritual. O aspecto mais permanente do eu foi chamado de a alma, o eu superior ou apenas o Eu, o Ego Reencarnante ou simplesmente Ego (oposto ao ego, a raiz da egocentricidade). Este consiste da mente abstrata, a intuição e *Ātmâ,* também mencionado como *Ātmâ-Buddhi-Manas*.

De acordo com o ensinamento esotérico, o eu superior ou alma perdura de vida para vida, e o seu potencial é evocado durante longos períodos através das experiências das personalidades que gera. H.P.B. fala dessa "alma espiritual", como às vezes a chama, que ela "não é uma vida fugaz. É o homem que foi, que é e que será."[4] Assim, a filosofia esotérica vê o nosso verdadeiro lar como o nível da alma, do qual periodicamente projetamos os aspectos mais terrenos de nós mesmos nos mundos inferiores. Atravessamos as experiências infinitamente variadas da vida em muitas encarnações – às vezes como homem, às vezes como mulher, às vezes como rico, às vezes como pobre, às vezes culto, às vezes sem habilidades, às vezes cuidando de outros e outras vezes fracos. Aqueles com quem temos vínculos estreitos continuam reaparecendo em vários relacionamentos, visto que o *karma* nos atrai continuamente para ambientes e relacionamentos que são determinados pelas nossas ações passadas, nas quais energias antigas podem ser exauridas, mesmo quando novas são emitidas. Mais cedo ou mais tarde, em cada vida, somos inevitavelmente atraídos para aquelas situações e junto daquelas pessoas que podem abrir as nossas capacidades, desafiando-nos ao crescimento e à mudança. A alma foi comparada a uma jóia de faces múltiplas, com as várias encarnações revelando suas diferentes facetas.

Os clarividentes nos dizem que, na medida em que crescemos através de muitas vidas, o veículo da alma no nível mental abstrato (às vezes chamado de o Corpo Causal) aumenta de tamanho e brilho. Este é o repositório da essência de todas as nossas experiências terrenas depois que foram assimiladas e transformadas em faculdade e habilidade. A partir deste ponto de vista, aquilo que reconhecemos como talento não é acidental ou transmitido por Deus, mas constitui um reflexo desse nível da alma onde foi desenvolvida a faculdade através de longa prática.

A nossa capacidade de pensamento e sentimento impessoais, universais, está enraizada nesse nível, conforme já abordamos. Aqui também se encontra aquilo que poderíamos pensar como sendo o nosso arquétipo individual ou a Idéia divina de nós próprios, o aroma único daquilo que somos, a fonte de nossa individualidade inerente, nossa especial configuração de habilidades e poderes que se desenvolverão e se tornarão realizados através do tempo. Em momentos elevados, a personalidade pode abrir-se para receber poderes e influências deste nível e, por um certo tempo, o arquétipo fica integrado com o eu consciente. Às vezes tocamos este poder interno quando estamos usando as nossas capacidades de uma maneira altruísta, absorvidos no trabalho ou no pensamento profundo ou na criatividade. Ocasionalmente sentimos o toque da alma em momentos nos quais temos uma sensação clara de direção que emana de uma percepção daquilo que realmente somos. Virgínia Burden, uma estudante de longos anos da intuição, reconhece tal experiência:

> "Às vezes, quando você está muito tranqüilo e o desejo e a emoção ficaram aquietados, você pode observar a formação serena de você mesmo, a partir do seu interior. Você pode ver a forma que você pretende tomar, o trabalho que você deveria realizar – sua função no meio ambiente e no esquema das coisas... Isto é uma observação profunda e inteligente de sua própria natureza e propensões."[5]

Em profundidade maior ainda do que o nível da alma acha-se a nossa essência mais íntima, o *Ātmâ* ou eterno Eu, o aspecto verdadeiramente universal de nós mesmos, o nosso ponto na Base divina, jamais separado do Uno. Quando combinado com *Buddhi* como um invólucro ou um contacto nebuloso com o mundo da manifestação, é denominado *mônada* na literatura teosófica, um termo que às vezes também abrange o *Manas* superior. Esta forma de classificar esses princípios superiores sobrepõe-se, em alguma extensão, ao conceito da alma. Mas *Ātmâ* ou o Eu permanecem como aquilo que é verdadeiramente eterno, o nosso lugar individual no Divino, que gera e se expressa através da alma, da mesma maneira como a alma o faz através da personalidade.

Às vezes, o intenso foco de *Ātmâ* penetra até a nossa mente consciente quando nos centramos, talvez, na meditação, quando sentimos que todas as energias e níveis em nosso interior estão no momento em equilíbrio ao redor de um centro profundo e tranqüilo no coração. Paradoxalmente, nestes momentos de focalização, sentimos também uma expansão, uma unidade, um reflexo momentâneo em nós da unidade do Eu com o Todo. P.W. Martin, um psicólogo jungiano, descreve essa experiência nas seguintes palavras:

> "Quando se descobre o centro profundo, se faz o contacto criativo com o "Mais", se passa pela experiência transformadora interior, compreendemos que a consciência é apenas uma parte de um ser maior – o espírito total, o Eu – cuja parte principal existe em uma outra esfera."[6]

Assim, embora normalmente nos percebemos como a personalidade, o aspecto mais periférico do Eu, também temos vislumbres e intuições da alma e até mesmo de *Ātmâ*, a nossa essência mais recôndita.

Entre Dois Mundos

Em algum ponto em nossa longa jornada através da evolução, chega um tempo para nós quando a vida comum passa a ficar árida e inconseqüente, quando ansiamos por algo mais, algo mais rico, uma nova dimensão da vida. Então, talvez, depois de um período de longa insatisfação e sofrimento, começamos a considerar mais seriamente as insinuações provenientes das camadas profundas do Eu. Descobrimos, inicialmente através de outra pessoa ou de leituras, que podemos deliberadamente estimular o nosso próprio crescimento, apressar a evolução dentro de nossa consciência, renovar-nos a partir de níveis mais profundos. Depois, quando resolvermos começar uma vida nova de treinamento e de realização, ingressamos naquilo que foi chamado de a Senda, o Caminho, Tao, *Dharma*, Individuação, Auto-realização. É um Caminho que nos conduz além do nosso eu normal com suas alegrias e tristezas familiares, frustrações e recompensas, até novas percepções daquilo que somos, uma visão nova do nosso potencial e daquilo que podemos vir a ser. Podemos achar que temos sido como viajantes noturnos em uma tempestade, sem nenhuma visão da estrada à sua frente, até que, repentinamente, um relâmpago ilumina a vizinhança e, por um momento, podemos claramente vislumbrar o nosso caminho. A visão nos introduz na Senda espiritual, e começamos deliberadamente a treinar-nos para liberar nossas potencialidades ocultas, para tornarmos nossa personalidade transparente à luz interna.

O trabalho da autotransformação na Senda consiste em ampliar o escopo da nossa consciência para abranger todos os níveis do nosso ser e integrar todas as camadas e níveis em um todo dinâmico. O objetivo da evolução, que é acelerada pela Senda, consiste em liberar todos os nossos potenciais, colocando-os à serviço do Eu, que pode então integrar as potencialidades recém-desenvolvidas em sua esfera de atividade em contínua expansão. O nosso desenvolvimento não é apenas o despertar da espiritualidade, mas obter o uso consciente de tudo que está em nós, em todos os níveis.

A chave para abrir esses potenciais mais profundos reside na natureza dual da mente. Conforme já abordamos, a mente abstrata, *Manas,* é um aspecto da parte duradoura de nós próprios, a alma, e está em sintonia com grandes idéias, com conceitos universais abstratos que podem nos apanhar e transportar além do eu pessoal. Em um nível inferior, a mente concreta, ou *manas,* está na base do eu pessoal e separado. Ela separa e classifica as impressões sensoriais e é dominada pelo desejo e repulsão, por gostos e desgostos, nossas preferências e atitudes pessoais específicas. Este aspecto de *Manas* dá origem ao ego, como temos visto, à noção de sermos um eu fechado e separado de todos os outros e de tudo mais. Consideramos erroneamente o ponto de referência relativo em *Manas* como sendo o nosso centro real e permanente.

Este ego pessoal representa uma fase necessária no desenvolvimento do indivíduo como também no das espécies. No ciclo da involução, quando o homem fica progressivamente envolvido na materialidade, a agudeza e até mesmo a estreiteza da mente concreta são necessárias para focalizar as energias difusas dos níveis mais elevados, para nos enraizar no mundo físico. Na verdade, H.P.B. escreve que raças humanas pré-históricas e primevas eram difusas e incipientes, que foram necessárias eras para aprenderem a funcionar e dominar o mundo físico. Assim, o desenvolvimento da mente concreta e do ego têm seu lugar no esquema da evolução. Lama Govinda declara que "*Manas* é o princípio através do qual a consciência universal... desce para a multiplicidade."[7] O ego é uma fase necessária na nossa evolução desde o espírito incipiente, homogêneo, até um ser com potencialidades em todos os níveis.

Contudo, uma vez que nos tornamos "assentados," por assim dizer, torna-se necessário atravessarmos o ego e o egoísmo, a fim de liberar nossos potenciais interiores e expandir os limites de nossa vida consciente. Nas palavras de Carlo Soares, o ego "deve desenvolver-se até que seja suficientemente forte para romper a sua própria casca, por meio de um processo interno e natural de desenvolvimento." Assim, movemo-nos da espiritualidade difusa e não efetiva, através da materialidade centralizada e eficiente, até o domínio e a habilidade de focalizar em todas as esferas. A evolução humana como um todo tem sido expressa como movendo-se da perfeição inconsciente até a imperfeição consciente, alcançando a perfeição consciente, ou como T.S. Eliot o expressou em palavras tão belas:

> "Não cessaremos de explorar
> E o fim de toda a nossa exploração
> Será chegarmos onde começamos
> E conhecer o lugar pela primeira vez."[8]

Assim, a mente é o princípio que nos liga ao mundo dos sentidos e ao ego e também é o princípio que pode nos libertar. H.P.B. mostra que *Manas* é o princípio do meio, o nível intermediário entre o mais alto e o mais baixo, o espiritual e o físico. Ela fala da mente consciente como "o elo de ligação entre o Espírito e a Matéria, o Céu e a Terra"[9]. Lama Govinda reafirma isto ao dizer, "*Manas* é aquele elemento de nossa consciência que mantém o equilíbrio entre as qualidades individuais empíricas de um lado e as qualidades espirituais universais por outro."[10] Ele nos dá um exemplo desses dois aspectos da nossa mentalidade:

> "A diferença no efeito dessas duas direções pode ser comparada com a visão de um homem que observa as múltiplas formas e cores de uma paisagem e acha que é diferente delas (como "eu" e "aqui") – e a visão de um outro que contempla a profundidade do firmamento, o que o liberta de toda a percepção dos objetos e, assim, também da percepção do seu próprio eu, porque ele está apenas consciente da infinitude do espaço ou

do 'vazio'. O seu 'eu' aqui perde a sua posição através da falta de contraste ou de oposição, nada encontrando para agarrar-se ou de que possa diferenciar-se."[11]

O nosso trabalho na Senda é harmonizar esses dois aspectos da mente e do Eu, para aprendermos deliberadamente a abrir a personalidade, de modo que ela possa ressoar com as melodias universais internas. Precisamos apagar a linha artificial que nos separa do Eu universal interno.

Desapegando-se

Um dos fatores principais neste processo é o cultivo da impessoalidade e do desapego. Esta ausência de apego não significa que sejamos descuidados e impassivos, sem calor ou entusiasmo. Significa, ao contrário, não ficarmos excessivamente identificados com qualquer coisa – nosso corpo, nossas convicções e opiniões, nossas reações, nossos sentimentos, até mesmo com os nossos amados, e, mais especialmente, a nossa auto-imagem, aquele quadro semiconsciente que guardamos daquilo que somos. Em resumo, significa que devemos nos desapegar de nossa firme sustentação do ego. Podemos aprender a ter um toque leve, a não nos apegarmos com demasiada tenacidade a qualquer coisa transitória, nem mesmo a nós próprios. O psicólogo Thomas Keefe descreve a flexibilidade que surge com a ausência de apego:

> "A ausência de apego não significa afastamento ou separação. É uma 'flexibilidade cognitiva'... uma harmonização fácil do eu com realidades cambiantes e eventos momentâneos... A maioria das pessoas a experimenta quando estão funcionando com plena atenção – seu eu pleno – absorvidas na atividade."[12]

A ausência de apego abre-nos para as nossas conexões cósmicas, nossas interações com o nosso ambiente em todos os níveis e nossa verdadeira identidade com o Uno. Advém quando reconhecemos que nós e o mundo estamos constantemente mudando e que não existem realidades permanentes nos níveis periféricos, exteriores, da vida, mas apenas nos princípios universais imutáveis e no profundo centro que coincide com a Realidade atemporal do Uno. Quando verdadeiramente compreendemos isto, podemos começar a nos desapegar do transitório e procurar a permanência somente em um nível mais profundo do Ser.

H.P.B. enfatiza a importância da impessoalidade em sua obra *A Voz do Silêncio*: "Tens de fundir os dois no Uno, sacrificando o pessoal ao Eu impessoal, e assim destruir a Senda entre os dois."[13] Pois o Eu, a alma, não pode ser confinado à pequena esfera do nosso interesse pessoal, mas estende-se amplamente na esfera universal. Não podemos esperar atingir a sua grandeza e escopo, se permanecemos dentro do ego pessoal e de suas preocupações estreitas. H.P.B. nos fala de "procurarmos no impessoal o homem eterno. Tendo-o buscado fora, olha para dentro. Tu és Buda."[14]

Do Ego para o Eu

Inúmeros métodos e disciplinas foram desenvolvidos e transmitidos através das idades para que se possa realizar esta conquista do Eu. Toda a religião tem um caminho ou senda para os aspirantes sinceros que desejam mergulhar mais profundamente do que outros postulantes mais superficiais. Preces ou meditação, auto-avaliação, serviço e estudo, todos têm o seu lugar. Todos os métodos visam dois elementos essenciais na autotransformação: purificar o eu pessoal e elevar o foco para um nível superior.

A maioria de nós está pelo menos parcialmente consciente

de nossas falhas – ressentimentos, ira, ansiedade, falta de persistência, falta de confiança, orgulho e presunção, ciúme, ganância, visão estreita, etc. O Buda resumiu todos estes aspectos nas categorias de luxúria, ganância e ira e mostrou como todos surgem de uma falsa noção de ego, do egoísmo e preocupação excessiva com nós próprios. Quer escolhamos o Caminho do Meio do Budismo, "o caminho apertado e a porta estreita" do Cristianismo, ou qualquer outro caminho, a nossa tarefa é a mesma – erradicar de alguma maneira o egoísmo, até mesmo as suas tenazes pequenas raízes que se enroscam nas nossas profundezas inconscientes. Podemos ter repentinos arrebatamentos, como o meditante Zen que ri em voz alta quando soluciona o enigma do seu *koan,* ou o cristão que derrama lágrimas de alegria e alívio quando suas preocupações pela primeira vez se dissolvem no amor do Cristo. Em outras ocasiões, o crescimento pode ser dolorosamente lento quando persistimos, obstinadamente, em persuadir o ego para fora do centro do palco.

Enquanto nos esforçarmos para obter a visão interior, praticando a disciplina necessária para esta tarefa monumental, tentamos também elevar o nosso foco de consciência. A leitura e contemplação de grandes idéias, absorvendo-nos na beleza – música, arte, natureza – dedicando-nos a grandes causas, com genuína compaixão e preocupação por outras pessoas – Tudo isto pode nos libertar de nós mesmos. A meditação, especialmente se ela conduz ao centrar-se, pode nos ajudar naquilo que o Buda chamou de "um giro na sede mais profunda da consciência," no qual nos voltamos do mundo exterior da multiplicidade para o mundo interior do Uno. Qualquer expansão ou aprofundamento que alcançarmos nos ajudará a colocar o ego no seu legítimo lugar de submissão ao Eu, enquanto que qualquer vácuo deixado pelo egoísmo deslocado será preenchido, a partir de cima, pelo Eu.

Este é um processo longo e árduo, que demandará mais do que uma vida para ser realizado e exige determinação e perseverança pois, como a obra *As Cartas dos Mahatmas* diz com relação ao domínio do eu, "não há outra luta tão difícil."[15] Mas somos destinados a ter êxito finalmente, pois estamos trabalhando com o ímpeto de todo o cosmos atrás de nós. Estamos tentando realizar aquilo que a evolução concretizará apenas muito lentamente; estamos nos harmonizando com os propósitos de longo alcance de toda a manifestação.

A influência de um Iluminado como o Buda é "muito extensa, grande e imensurável."

Há aqueles, no decorrer da história, que alcançaram este objetivo, mostrando assim que nossas metas podem ser realizadas. Videntes, iniciados, sábios em todas as idades, demonstraram os níveis elevados que o potencial humano pode atingir. Olhando as vidas de Cristo, Buda, Platão ou Lao-tzu, podemos vislumbrar as possibilidades do desenvolvimento humano. Além disso, a filosofia esotérica nos ensina que sempre houve seres espirituais avançados, Mestres, adeptos, que trabalham silenciosamente por trás dos bastidores em prol da elevação da humanidade. Estes são inteligências super-humanas que, há muito tempo, elevaram-se acima do ego e se firmaram no nível da alma, do qual irradiam grande poder para ajudar e estimular a humanidade. Foram esses os instrutores de H.P.B., os autores de *As Cartas dos Mahatmas*. Apresentam-nos um vislumbre dos picos nevados que estão à frente, na medida em que a nossa conquista interior diária nos eleva mais longe montanha acima.

16

Homem – o Microcosmo

O Universo é um homem em uma grande escala.

Lao Tzu

Um dos aspectos marcantes da vida nesta era tecnológica é a alienação da Natureza, um sentimento de estarmos separados, isolados. Se formos habitantes de cidade, raramente temos a oportunidade de dissolver-nos no brilho de um pôr de sol, ou perder-nos na infinitude de um céu noturno, ou focalizarmos na geometria perfeita de uma flor selvagem. A maior parte de nosso tempo é gasta encerrada em prédios ou em transportes, a partir dos quais apenas podemos lançar um olhar furtivo lá para fora através da janela.

Mesmo assim, somos uma parte intrínseca da Natureza, sendo seus filhos da mesma maneira como uma árvore ou uma queda d'água. Os nossos corpos são feitos da própria matéria da Natureza e, de acordo com a teosofia, a autoconsciência em nós é um florescimento da consciência que permeia toda a Natureza. Até mesmo as nossas potencialidades humanas mais singulares constituem expressões de princípios universais, pois a Sabedoria Antiga apresenta o homem como um microcosmo, uma miniatura do cosmos, incorporando todos os seus princípios, energias e funções.

De acordo com *A Doutrina Secreta*, "o homem é o microcosmo e uma cópia em miniatura do macrocosmo."[1] Em todos os níveis, do Supremo Espírito até a matéria mais densa, estamos imersos no processo universal, unos com ele, estabelecendo um processo de intercâmbio múltiplo. São inerentes em cada um de nós todos os princípios da Natureza.

Vimos como a unidade permeia todo o nosso ser. Somos constituídos de totalidade dentro de totalidade, de átomos a sistemas orgânicos. Cada um de nós é um todo, todas as correntes complexas da nossa natureza convergindo para um ser unitário. Compartilhamos também uma unidade com a espécie humana e estabelecemos um intercâmbio com outras pessoas em inúmeras maneiras, como fazemos com o meio ambiente. Em um nível mais profundo, cada um de nós está enraizado na Base primordial do universo. O nosso Eu mais essencial, o núcleo do nosso ser, é *Ātman*, nosso germe particular de divindade, que é inerente no Uno, a Fonte de tudo.

Vimos também que a polaridade básica de consciência e matéria é proeminente em nós. Subjetivamente, sentimos que somos apartados do mundo objetivo e até mesmo da corrente das sensações, pensamentos e sentimentos que surgem em nós. A divisão sujeito-objeto, consciência-matéria está na própria base de toda a nossa experiência, pois, no homem, equilibram-se os dois pólos primordiais do ser. Integramos tanto espírito como matéria em nossa natureza complexa, às vezes em tensão e conflito, às vezes em harmonia dinâmica. O homem foi definido na filosofia esotérica como "aquele ser no universo... em quem o Supremo Espírito e a Matéria mais inferior são reunidos pela inteligência."[2]

A inteligência que une espírito e matéria em nós é a marca do homem. Como em nenhuma outra parte da natureza física, a Mente Divina expressa-se através de nossas próprias faculdades mentais. Expressamos o princípio ordenador do cosmos em todos os níveis na medida em que incorporamos todos os graus do ser universal, os sete campos ou planos distintos da Natureza. Existe uma "união indissolúvel entre o Homem e o Universo, expressa em sete formas diferentes," nas palavras de H.P.B.. Mas é a nossa mente, o nosso princípio interno de organização, de abstração, planejamento e de significação que constitui a nossa conexão mais direta com a Mente Divina. Qualquer organização e ordem em nossas vidas, na nossa sociedade, nas nossas artes e ciências, em qualquer campo de atividade humana, reflete este princípio universal de ordem. A capacidade de pensamento é o aspecto que distingue a nossa espécie.

O princípio dos ciclos também está vivo em nós de muitas maneiras, desde os nossos processos respiratórios e fisiológicos até as nossas reencarnações no mundo físico, quando periodicamente assumimos um corpo físico e uma psique para depois abandoná-los por um determinado período, em um ciclo de descanso e absorção entre as vidas. É o *karma,* juntamente com os aspectos superiores, mais espirituais do nosso ser, que assegura a continuidade de vida para a vida. A pressão oriunda de nossa natureza superior evoca o crescimento e nos impulsiona na direção da evolução, enquanto que a lei do *karma* atua como instrutor da vida, apresentando-nos a conseqüência de nossas ações e decisões passadas. Constituímos o presente foco da evolução; a seta que aponta para o futuro só pode voar a partir do interior das nossas mentes e corações.

Assim, todos os princípios que governam o universo e os seus processos estão forçosamente presentes em nós. Temos conexões cósmicas. Incorporamos princípios universais. Embora únicos em muitas maneiras, não estamos apartados da Natureza. Ao contrário, ela trabalha dentro e através de nós. Somos a revelação de suas possibilidades. Nas palavras do professor de filosofia Jacob Needleman, "As leis que governam esta grande faixa de energia dentro do eu são as leis que governam tudo no universo."[4]

É por isso que a contemplação dos princípios subjacentes no universo pode representar um processo muito íntimo, que envolve a pessoa como um todo, e não apenas a mente. Os princípios teosóficos tornam-se vivos na mente consciente não quando analisados ou dissecados, mas alcançados intuitivamente, pensando-se sobre eles, mergulhando neles e esperando que o seu significado desponte como realização direta. Esta espécie de estudo profundo assemelha-se ao conceito de Platão sobre educação como um processo de recordação. À medida que considerássemos os princípios universais na Natureza, poderíamos invocar a insinuação tênue, quase inconsciente, desses mesmos princípios universais, visto que eles formam a estrutura profunda da nossa própria natureza. Todos tivemos uma experiência, na qual repentinamente a nossa mente é incendiada pela compreensão e a realidade ao nosso redor é iluminada pelo significado. As idéias essenciais da teosofia podem nos prender nesses momentos em que *sabemos*, por nós próprios, que são reais e que agem ao nosso redor. Quando a visão interior estiver carregada com tal sentimento e entusiasmo, então poderá penetrar nos recessos do nosso ser em todos os níveis, envolvendo nossas vidas e ações.

Se continuamos a estudar e contemplar essas grandes idéias filosóficas, elas podem lentamente transformar a nossa visão do mundo, projetando-se até mesmo aos níveis inconscientes, onde reside grande parte deste quadro interior. Lentamente, na medida em que os diferentes aspectos da nossa natureza são harmonizados com a Sabedoria Antiga, poderemos sentir o nosso profundo relacionamento com o universo. Isto amplia o nosso horizonte e poderemos nos abrir às nossas inúmeras e ricas interconexões, tornando-nos imersos no Uno em todos os níveis do nosso ser.

Estaremos então mais ligados ao mundo ao nosso redor, através de nossas inúmeras inter-relações e também mais sintonizados com a natureza sagrada da vida, a essência divina em todas as coisas. Assim viveremos mais e mais na recordação da Base oniabrangente que tudo permeia e sustenta.

Se, como uma espécie, pudéssemos chegar a nos ver sob essa luz, se pudéssemos sentir os nossos alicerces cósmicos, ocuparíamos o nosso lugar na ordem natural. Conheceríamos a nossa identidade com os demais e com todas as formas de vida e viveríamos mais nobremente, mais compassivamente. Ao invés de nos preocuparmos basicamente com o interesse autocentrado, nos expandiríamos para uma perspectiva universal. Da mesma maneira como o sábio está representado em belas e antigas pinturas chinesas, nós nos mesclaríamos harmoniosamente com a paisagem, contemplando a vida das montanhas e do riacho. Isto poderia transformar o mundo.

Nicholas Roerich, "A Donzela na Neve"

NOTAS

Introdução

1. Albert Einstein, *Ideas and Opinions*, (Nova York: Crown Publishers, Inc., 1954), p. 38.

2. Renée Weber, *The Reluctant Tradition*, Main Currents in Modern Thought, 31, nº 4. (1975), p. 105.

3. Ibid. p. 101.

4. Frithjof Schuon, *The Transcendent Unity of Religions*, Peter Townsend, trans., (Wheaton, IL., Theosophical Publishing House, 1984), pp.3-4.

5. Jacob Needleman, *The Heart of Philosophy*, (Nova York: Alfred A. Knopf, 1982), p. 162.

6. Weber, *The Reluctant Tradition*, p. 99.

7. Helena P. Blavatsky, *The Secret Doctrine* (Adyar. Theosophical Publishing House, 1978), 1:316.

8. Ibid. 1:85

9. Ibid. 4:362

10. *Letters from the Masters of Wisdom, First Series*, C. Jinarajadasa, ed., (Adyar: Theosophical Publishing House, 1984), p.2.

11. *The Secret Doctrine*, 1:86.

12. Georg Feuerstein, *An Introduction to the Bhagavad Gita* (Wheaton: Theosophical Publishing House, Quest Books, 1983), p.86.

13. Sri Krishna Prem e Sri Madhava Ashish, *Man, the Measure of All Things*. (Wheaton: Theosophical Publishing House, 1969), p.15

14. Schuon, *The Transcendent Unity of Religions*, p.xxxi-ii.

1. A Visão Curativa de Mundo

1. Jacob Needleman, *The Heart of Philosophy*, p.3.

2. Ken Wilber, *The Spectrum of Consciousness* (Wheaton, Il: Theosophical Publishing House, 1979), p.150.

3. David Bohm, *Wholeness and the Implicate Order*, (Londres: Routledge and Kegan Paul, 1980), p.xi.

4. Albert Einstein, *Ideas and Questions* (Nova York: Crown Publishers Inc,. 1954), p.38.

5. David Bohm, *The Enfolding-Unfolding Universe: A Conversation with David Bohm*, por Renée Weber, Re-Vision, 1, nº 3/4 (1978), 48.

6. Stanislav Grof, *Modern Consciousness Research and the Quest for a New Paradigm, Re-Vision*, 2, nº 1 (1979) 48.

7. C.G. Jung, *Memories, Dreams, Reflections*, ed., Aniela Jaffe (Nova York: Random House, 1965), pp.225-26.

8. Erwin Schroedinger, *My View of the World*, (Londres: Cambridge University Press, 1964), p.21.

9. *Lankavatara Sutra*.

10. Arthur Koestler, *Darkness at Noon*, (Nova York: Signet Classics, 1961), p.xix.

11. Sun Bear, em Evelyin Eaton, *The Shaman and the Medicine Wheel* (Wheaton, Theosophical Publishing House, 1982), p.169.

2. Interconexões

1. *The Secret Doctrine*, 1:118.

2. Ibid., 1:69

3. Ibid., 1:115-6

4. Ibid., 2:359

5. Ibid., 1:123

6. H.P. Blavatsky, *The Key to Theosophy*, ed. Joy Mills (Wheaton, Theosophical Publishing House, 1981), p.50.

7. *The Secret Doctrine*, 1:36

8. Ibid., 2:328

9. Ibid., 1:179

10. Guy Murchie, *The Seven Mysteries of Life*, (Boston: Houghton Mifflin, 1981),

11. Fairfield Osborn na Introdução de John Storer, *The Web of Life*, (Nova York: New American Library, 1972).

12. Ver Gregory Bateson, *Steps to an Ecology of Mind*, (New York: Ballantine Books, 1972).

13. C.G. Jung em Prefácio a Jolande Jacobi, *The Psychology of C.G. Jung* (Londres: Routledge and Kegan Paul, 1968).

14. David Spangler, *Revelations: The Birth of a New Age* (Elgin: Lorian Press, 1979).

3. Holismo e Hierarquia

1. Ken Wilber *The Spectrum of Consciousness*, p.72.

2. *The Secret Doctrine*, 2:329.

3. L.L. Whyte, *Accent on Form* (Westport, CT: Greenwood Press, 1973), p.53-4.

4. Joseph Needham, *Science and Civilization in China* (Londres: Cambridge University Press, 1956), vol. 2, p.582.

5. Teilhard de Chardin, *The Phenomenon of Man*, (Nova York: Harper Torchbooks, 1965), pp.43-4.

6. Alfred North Whitehead, *Modes of Thought* (Nova York: Macmillan 1968).

4. A Fonte Transcendente

1. Prem e Ashish, *Man, the Measure,* p.154.

2. *The Secret Doctrine*, 1:79

3. Ibid., 1:79

4. Ibid., 1:83

5. Ibid., 5:261

6. Ibid., 1:320

7. Ibid., 1:142

8. J.C. Chatterji, *The Wisdom of the Vedas* (Wheaton: Theosophical Publishing House, 1973), p.25.

9. Fritjof Capra, *An Interview with Fritjof Capra,* Re-Vision, 4, nº 1 (1981) : 45.

10. Lawrence LeShan e Henry Margenau, *Einstein's Space and Van Gogh's Sky* (Nova York: Macmillan Publishing Co., 1983), pp.117-8.

11. Fritjof Crapa, *The Tao of Physics,* (Berkeley: Shambhala Publications, Inc., 1975) p.211.

12. Ibid., p.222-3.

13. F.L. Kunz, *From the Unreal to the Real* (publicação particular, 1966)

14. *The Reality of the Non-Material,* Main Currents in Modern Thought, Edição de retrospectiva, 1975, p.20.

15. Capra, *The Tao of Physics,* p.211

16. David Bohm, *The Enfolding-Unfolding Universe: A Conversation with David Bohm.*

(+) A maioria dos físicos da corrente principal concorda com o modelo *quark* que estabelece a hipótese de que as inúmeras partículas subatômicas, que foram descobertas, são compostas de unidades mais fundamentais, os *quarks*. Acredita-se que existem algumas variedades de *quarks*. Há alguma evidência que apóia esta teoria, mas não está ainda substancialmente confirmada. O modelo do *quark* contrasta com a chamada *Bootstrap Theory*, aqui exposta, que enfatiza as interações entre as partículas ao invés da questão da composição das partículas propriamente dita.

(A expressão *Bootstrap Theory*, é usada metaforicamente como na expressão "lift oneself by one's own bootstraps" (levantar-se, puxando pelas alças das próprias botas), ou seja, utilizando seus próprios recursos. – N. do T.)

5. A Divindade do Espaço

1. A.T. Barker (compilador) *The Mahatma Letters* (Adyar: Theosophical Publishing House, 1962), p.52.

2. Prem e Ashish, *Man, the Measure*, p.142.

3. Henry Margenau, ed., *Integrative Principles in Modern Thought* (Nova York: Gordon Breach, 1972), p.29.

4. Prem e Ashish, *Man, the Measure*, p.270.

5. *The Secret Doctrine*, 1:70.

6. Joseph Campbell, *Hero with a Thousand Faces* (Princeton: Princeton University Press, série Bollingen XVII), p.258.

6. A Pulsação Rítmica do Cosmos

1. Chatterji, *The Wisdom of the Vedas* (ver cap. 4, nº 8) p.14.

2. *The Secret Doctrine*, 1:70.

3. Ibid., 1:116

4. Ibid., 1:160

5. Fritjof Capra, *Holistic World Views of Physicists and*

Mystics, The American Theosophist, maio 1979.

6. *Mahatma Letters*, p.55.

7. Garrett Serviss, *The Einstein Theory of Relativity* (Nova York: E.M. Fadman, 1923), p.48.

8. Capra, *The Tao of Physics*, p.24-25.

9. *Mahatma Letters*, p.137.

10. Ibid., pp.155-56.

11. Capra, *Tao of Physics*, pp.24-25.

12. *Mahatma Letters*, p.137.

13. *The Secret Doctrine*, 1:125.

14. Ibid., 1:160

15. Prem e Ashish, *Man, the Measure*, p.73.

16. Ibid., p.80.

17. Chatterji, *Wisdom of the Vedas* p.26.

7. Tempo e Atemporalidade

1. *The Secret Doctrine*, 1:116.

2. Ibid.,

3. Ibid.,

4. Ibid.

5. Ibid., 4:183-4.

6. Larry Dossey, *Space, Time and Medicine* (Boulder, Colo: Shambhala, 1982), capítulo 8.

7. Douglas K. Wood, *Even Such is Time*, Re-Vision, 1, nº 1 (1978): 48.

8. *The Secret Doctrine*, 1:110

9. Ibid., 1:116

10. Ibid., 1:131

11. Ibid., 2:136

12. Ibid., 2:117

13. Citado por Dossey, em *Space, Time and Medicine*, p.152.

14. H.S. Margenau, no prefácio a L. LeShan *Toward a General Theory of the Paranormal*, (New York: Parapsychology Foundation, 1969).

15. Citado por Gary Zukav, em *The Dancing Wu Lei Masters* (Nova York, William Morrow and Co., 1979), p. 313.

16. I.K. Taimni, *Man, God and the Universe*, (Wheaton: Theosophical Publishing House, 1969), p.354.

17. Citado em *The Secret Doctrine*, p.1:116.

18. Jean Shomoda Bolen, *The Tao of Psychology*, (Nova York: Harper and Row, 1979), p.7.

19. Ananada K. Coomaraswamy, *Time and Eternity*, (Suiça: Ascona, 1947), p.71.

20. Prem e Ashish, *Man, the Measure*, p.113.

21. *The Secret Doctrine*, 5:482.

22. Prem e Ashish, *Man, the Measure*, p.55.

23. D.T. Suzuki no prefácio a B.L. Suzuki, *Mahayana Buddhism*, (Nova York: Macmillan, 1969), p.33.

24. Lama A. Govinda, *Foundations of Tibetan Mysticism* (New York: Samuel Weiser, 1974), p.116.

25. *The Secret Doctrine*, 3:166.

26. Prem e Ashish, *Man, the Measure*, p.59.

8. Os Dois em Um

11. Capra, *The Tao of Physics*, pp.24-25.

2. *The Secret Doctrine*, 1:81.

3. Ibid., 1:109

4. Ibid., 1:80

5. Ibid., 2:42

6. Ibid., 1:83

7. Ibid., 1:94

8. Dossey, *Space, Time, and Medicine*, Capítulo 8.

9. *The Secret Doctrine*, 1:317.

10. Erich Jantsch, *The Self-Organizing Universe* (Elmsford, N.Y.: Pergamon Press, 1980), p.40.

11. *The Secret Doctrine*, 1:320.

12. Ibid., 1:80

13. Alan Watts, *Two Hands of God* (Nova York: Macmillan, 1969).

14. Prem e Ashish, *Man, the Measure*, p.80

15. Watts, *Two Hands of God*.

16. Capra, *The Tao of Physics*, p.141.

17. Wilber, *The Spectrum of Consciousness*, p.40.

9. Ritmo e Ciclos

1. *The Secret Doctrine*, p.1:70.

2. Ibid., 1:176

3. Prem e Ashish, *Man, the Measure*, p.50

4. Emily B. Sellon, *Some Principles of Theosophy*, monografia não publicada.

5. Lama Anagarika Govinda, *Foundations of Tibetan Mysticism* (York Beach, ME: Samuel Weiser, 1982) pp.151.

6. Ibid., p.151.

7. Helena P. Blavatsky, *Isis Unveiled*, em Collected Writings (Wheaton: Theosophical Publishing House, 1972) vol. 1, p.388-90.

8. *The Secret Doctrine*, 3:444.

9. Prem e Ashish, *Man, the Measure*, p.298.

10. *The Secret Doctrine*, 3:90.

11. Dane Rudhyar, *The Pulse of Life* (Berkeley: Shambhala Publications, 1970), p.16.

12. Alan Watts, *The Two Hands of God*

13. *The Secret Doctrine*, 1:82.

14. Henry D. Thoreau, *The Natural Man, A Thoreau*

Anthology, eds. R. Epstein e S. Phillips (Wheaton: Theosophical Publishing House, 1978), p.69.

10. Mente Divina

1. *The Secret Doctrine*, 1:80.
2. Ibid., 1:81
3. Albert Einstein, *The World as I see it* (Nova York: Wisdom Library, 1979), p.5.
4. Citado por Prem e Ashish em *Man, The Measure*, p.149.
5. Ibid., p.100
6. *The Secret Doctrine*, 1:122.
7. Ibid., 1:148
8. Prem e Ashish, *Man, The Measure*, p.13.
9. *The Secret Doctrine*, 3:38.
10. Prem e Ashish, *Man, The Measure*, p.138.
11. Marjorie Senechal, *''Symmetry, the Principle of Order''*, M. Senechal e G. Fleck, edit., *Patterns of Symmetry* (Amherst: University of Massachusetts Press, 1977), p.95.
12. F.L. Kunz, *On the Symmetry Principles*, em *Order in the Universe* (New York: The Foundation for Integrative Education, 1967).
13. *The Secret Doctrine*, p.5:185.
14. Para um debate detalhado sobre os sólidos platônicos, ver Gordon Plummer, *The Mathematics of the Cosmic Mind* (Wheaton, Il.: Theosophical Publishing House, 1982).
15. G.C. Amstutz, *''Symmetry in Nature and Art''*, em *Order in the Universe*.
16. Karl Pribram, *What the Fuss is all About*, em *Revision* 1, nºs 3/4, 17-18.
17. Ibid., p.15.
18. Hermann Weyl, *Symmetry* (Princeton: Princeton University Press, 1973), pp.6-7.

19. *The Secret Doctrine*, 5:533.

20. Prem e Ashish, *Man, The Measure*, p.113.

21. *The Secret Doctrine*, 3:37.

22. Ibid., 1:304

23. Loren Eiseley, "*Notes of an Alchemist.*"

24. Prem e Ashish, *Man, The Measure*, p.138.

11. Ilusão Sétupla

1. LeShan e Margenau, *Einstein's Space* (ver 9, cap. 6), p.21.

2. *The Secret Doctrine*, 4:204.

3. Prem e Ashish, *Man, The Measure*, p.65.

4. Bernard Grad, *Some Biological Effects of the Laying on of Hands*, em *Journal of the American Society for Psychological Research* 5, nº 2:95-126.

5. J. Taylor, *Superminds* (Londres: Macmillan, 1975).

6. L. Day e G. La Warr, *Matter in the Making* (Londres: Vincent Stuart Publishers, 1966), p.8-9.

7. Rupert Sheldrake, *A New Science of Life* (Los Angeles, J.P.Tarcher, 1982).

8. William Tiller, *New Field, New Laws*, em John White e S. Krippner, eds., *Future Science* (Garden City: Doubleday, 1977), p.60.

9. William Tiller na Introdução para a obra de H. Motoyama *Science and the Evolution of Consciousness*, (Brookline, MA: Autumn Press, 1978), p.9.

10. Tiller, *New Fields*, p.60.

11. Ibid.

12. *The Secret Doctrine*, 1:83.

13. H.P. Blavatsky, *Transactions of the Blavatsky Lodge* em *Collected Writings*, vol. X, p.335.

14. *The Secret Doctrine*, 1:331.

15. Ibid., 1:317

16. Prem e Ashish, *Man, The Measure,* p.147.

17. *The Secret Doctrine*, 1:332.

18. Ravi Ravindra, *Perceptions in Physics and Yoga,* Re-Vision, 3, nº 1:37.

12. Desenvolvimento Progressivo

1. *The Secret Doctrine,* 3:177.

2. Ibid., 1:91

3. Ibid., 1:320

4. G.R. Taylor, *The Great Evolution Mystery* (Nova York: Harper & Row, 1983), p.202.

5. Ver *Evolution and Recapitulation* em *The Life Process* (Wheaton, Il: Theosophical Society in America, Departamento de Educação).

6. D'Arcy Thompson, *On Growth and Form,* (Cambridge: Cambridge University Press, 1952), p.1094.

7. Stephan Jay Gould, *The Panda'S Thumb,* (Nova York: W.W. Norton & Co., 1980)

8. *The Secret Doctrine,* 1:317.

9. Ibid., 1:69

10. Ibid., 3:96

11. Ibid., 4:224

12. Ibid., 3:97

13. Ibid., 3:196

14. Ibid., 3:187

15. Ibid., 4:116

16. Ibid., 3:15

17. Jantsch, *The Self-Organizing Universe,* (ver cap. 8, nº 10), p.3.

18. *The Secret Doctrine,* 3:177.

19. Ibid., 1:235

20. Le Comte du Nouy, *Human Destiny*, (Darby, PA: Arden Library, 1981).

21. Oliver Wendell Holmes, *Chambered Nautilus*.

13. Karma

1. *The Secret Doctrine*, 2:361.

2. H.P. Blavatsky, *The Key to Theosophy*, Joy Mills, ed., (Wheaton, Il: Theosophical Publishing House, 1981).

3. *The Secret Doctrine*, 2:359.

4. Ibid., 3:306

5. Ibid., 2:360

6. H.P. Blavatsky, *The Key to Theosophy* (ver cap. 2, nº 6), p.121.

7. *The Secret Doctrine*, 2:368.

8. *Key to Theosophy*, p.124.

9. *The Secret Doctrine*, 3:306.

10. *Key to Theosophy*, p.124.

11. Prem e Ashish, *Man, the Measure*, p.210.

12. *The Secret Doctrine*, 2:367.

13. Ibid., 3:60

14. Ibid., 2:362

15. Ibid., 2:366

16. *Key to Theosophy*, p.16.

17. *The Secret Doctrine*, 2:364.

18. Ibid., 2:365

19. *Key to Theosophy*, p.121.

20. Prem e Ashish, *Man, the Measure*, p.114-5.

21. *The Secret Doctrine*, 2:369.

22. Mabel Collins, *Light on the Path* (Pasadena: Theosophical University Press, 1976), p.88.

14. O Eu e Suas Esferas

1. William James, citado por Ken Wilber, *Spectrum of Consciousness* (ver cap. 3, nº 1) p.15.

2. *The Secret Doctrine*, 5:362.

3. E.B. Sellon, *Some Fundamentals of Theosophy*, distribuído durante seminário.

4. *The Secret Doctrine*, 5:523.

5. Wilbur Schramm, *The Process and Effects of Mass Communication* (Champaign: University of Illinois Press, 1955).

6. Wilber, *Spectrum of Consciousness*, p.20.

7. Ibid., 149-50.

8. Govinda, *Foundations of Tibetan Mysticism*, (ver cap. 9, nº 5) p.74.

9. Ibid., p.74

10. Rollo May, *Existence* (Nova York: Basic Books, 1958), p.75.

11. Ibid., p.74.

12. *The Secret Doctrine*, 3:89.

13. William James em John J. McDermott, *The Writings of William James*, (Nova York: Random House, Modern Library, 1968), p.155.

14. V.K. Chari, *Whitman in the Light of Vedantic Mysticism* (Lincoln: University of Nebraska Press, 1964), p.27.

15. Albert Einstein, *Ideas and Opinions* (Nova York: Crown, 1954).

16. Brian Josephson, citado em *Omni*, junho, 1982.

17. Chari, *Vedantic Mysticism*, p.27.

18. I.K. Taimni, *The Way of Self-Discovery* (Wheaton, Il., Theosophical Publishing House, 1970), p.179.

19. Ibid., p.168.

15. Autotransformação

1. Hellmut Wilhelm, *Change*, (Nova York: Harper & Row, 1960), p.19.

2. Mabel Collins, *Light on the Path*, (Wheaton, Il., Theosophical Publishing House, 1970), p.20.

3. Taimni, *A Way of Self-Discovery*, p.166.

4. H.P. Blavatsky, *The Voice of the Silence*, (Wheaton Il., Theosophical Publishing House, 1973), p.42.

5. Virginia Burden, *The Process of Intuition* (Wheaton, Il., Theosophical Publishing House, 1975), p.83.

6. P.W. Martin, *An Experiment in Depth* (Londres: Routledge & Kegan Paul, 1967), p.277.

7. Lama Govinda, *Foundations of Tibetan Mysticism*, p.75.

8. T.S. Eliot, *Little Gidding*, em *Four Quartets*.

9. *The Secret Doctrine*, p.3:106.

10. Lama Govinda, *Foundations of Tibetan Mysticism*, p.75.

11. Ibid., p.75.

12. Thomas Keefe, *Journal of Contemporary Psychology* 10:16-24.

13. Blavatsky, *The Voice of the Silence*, p.58.

14. Ibid., p.38

15. *The Mahatma Letters* (ver cap. 5, nº 1) p.311.

16. Homem – o Microcosmo

1. *The Secret Doctrine*, 1:317.

2. Annie Besant, *The Pedigree of Man* (Adyar: Theosophical Publishing House, 1943), p.22.

3. *The Secret Doctrine*, 5:419.

4. Needleman, *The Heart of Philosophy* (ver Intro., nº 5), p.105.

Créditos de Fotografias

A autora apresenta seus melhores agradecimentos pela permissão para reproduzir as seguintes fotografias:

Páginas	
74	De Raymond F. e Lila K. Piper, *Cosmic Art* (Nova York: Hawthorn Books, 1975), com permissão de Ingo Swann, Editor.
85	Cortesia da NASA
135	Christine Majul
138	Francis Brunel, Paris, França
150	Casimir Tomala
158	Cortesia da NASA
158	Michael Sellon
186	De H.E. Huntley, *The Divine Proportion* (Nova York: Dover Publications, 1970), com permissão do editor.
242	De C.W. Leadbeater, *The Masters and the Path,* (Adyar: Theosophical Publishing House, 1925), com permissão do editor.
248	Com permissão do Dr. Svetoslav Roerich.

Leia também

PENSAMENTOS PARA ASPIRANTES AO CAMINHO ESPIRITUAL

N. Sri Ram

Este livro é uma compilação de pensamentos inspiradores, excertos escolhidos de seus diversos escritos, divididos em temas tais como Auto-realização, Verdade, Sabedoria, Liberdade, Paz, Fraternidade, Felicidade, Beleza, Amor, entre outros. Sua linguagem humana, simples e profunda torna este livro acessível e recomendável a todos.

"Todas as coisas passam como um sonho. Mas mesmo a vida terrena pode ser um sonho de paz e beleza".

"A paz é o estado feliz, natural do homem e de todos os filhos da Natureza".

"Se nossas vidas estão estagnadas é porque não há fluir de interesse para os outros, não há comunhão com a vida ao nosso redor, nossas relações com os outros são parciais e amplamente sem vida".

Tais pensamentos de Nilakantham Sri Ram espelham a vida do autor e nos dão um vislumbre desta obra.

Nela, o autor tenta lembrar-nos daquele estado de felicidade e harmonia naturais que geralmente perdemos em nossas agitadas vidas diárias, mas que sempre aspiramos por reencontrar. Contudo, essa aspiração nem sempre é consciente e clara, tornando-se, por isso, valiosa a meditação em pensamentos de natureza inspiradora.

O autor foi o quinto presidente internacional da Sociedade Teosófica, tendo se dedicado à causa da filantropia e a da libertação do ser humano. Teve significativa participação na independência da Índia.

EDITORA TEOSÓFICA

A CHAVE PARA A TEOSOFIA

H. P. Blavatsky

"Todos os cultos antigos indicam a existência de uma única Teosofia anterior a eles. 'A chave que desvendar um terá de desvendar todos: de outra forma não poderá ser a chave verdadeira' " (WILDER. Neoplatonismo e Alquimia).

* * *

Em *A Chave para a Teosofia*, que ora perfaz um século, Blavatsky torna mais acessível, num diálogo de perguntas e respostas, o conteúdo de outra obra sua, *A Doutrina Secreta*, onde a autora tenta evidenciar a existência de um ensinamento esotérico primitivo de onde teriam se derivado as diversas religiões do mundo. Procura-se assim buscar a verdade a respeito dos mistérios do Homem, do ciclo da vida e da morte e seu propósito, da predestinação e do livre-arbítrio, através do estudo de religiões comparadas, filosofia e ciência, num espírito de liberdade de pensamento.

A própria autora cita um ditado popular que define bem a sua vida: "A coroa do inovador é uma coroa de espinhos".

Helena Petrovna Blavatsky (1831-1891) foi uma das fundadoras da Sociedade Teosófica (New York, 1875). Embora nascida na Rússia, viveu em inúmeros países, inclusive no Tibet, sempre dedicando-se ao ideal da Fraternidade Universal, mostrando a origem comum dos Homens, tanto biológica quanto espiritual, lutando contra o fanatismo, a hipocrisia, a superstição, o dogmatismo e o preconceito em um século de poucas luzes para uma livre-pensadora. Antecipou-se de tal forma à sua época, pressentindo as direções de desenvolvimento da ciência e do pensamento humano, que chegou a afirmar que sua obra seria verdadeiramente reconhecida cem anos depois.

Convidamos o leitor a constatar este fato por si mesmo.

EDITORA TEOSÓFICA

FUNDAMENTOS DA FILOSOFIA ESOTÉRICA

H.P.Blavatsky

O presente livro consiste de uma compilação dos escritos de Helena Petrovna Blavatsky, a grande ocultista russa que viveu no século passado. Extraído principalmente de suas grandes obras – *Ísis Sem Véu* e *A Doutrina Secreta* – o livro apresenta as idéias centrais da Filosofia Esotérica, da sabedoria oculta nas grandes tradições filosófico-religiosas da humanidade.

A obra de Madame Blavatsky influenciou grandes pensadores e artistas do nosso tempo, como Gandhi, Thomas Edison, W.B. Yeats, Mondrian, Kandinsky, Aldous Huxley e Einstein. A evolução do pensamento científico contemporâneo delineia uma visão de mundo marcada pela unidade, interrelacionamento e integração, caraterísticas essas que expressam a essência da visão esotérica do mundo.

Fundamentos da Filosofia Esotérica lança luz sobre a natureza do genuíno esoterismo, o qual conduz da ilusão à verdade espiritual, da ignorância à sabedoria que transforma a existência humana e nos leva a compreender o significado interior da vida.

EDITORA TEOSÓFICA

EM BUSCA DA SABEDORIA

N. Sri Ram

"Quando tentarmos entender a natureza da Sabedoria descobriremos que não devemos separá-la da Vida."

A genuína sabedoria é distinta do saber, do conhecimento e da erudição. Não é somente um modo de pensar, mas é também a maneira de viver. É essencialmente algo vivencial e transformador.

A busca da Sabedoria e da Verdade é o objetivo dos verdadeiros filósofos.

O autor deste livro, N. Sri Ram, foi um destacado pensador da Índia, presidente internacional da Sociedade Teosófica no período 1953-73. Em suas inúmeras obras combinou a sabedoria oriental com a reflexão grega, num estilo característico de apresentar profundas idéias de um modo claro e com um sensível entendimento dos problemas humanos.

EDITORA TEOSÓFICA